눈으로 읽고 마음으로 옮겨쓰는

에스겔·다니엘
[Ezekiel / Daniel]

시작한 날 : 년 월 일

끝마친 날 : 년 월 일

❖ 왼쪽면을 따라쓰실 때 반을 접어서 쓰시면 훨씬 수월합니다.

1. **기록자 :** 에스겔(하나님께서 강하게 하신다) - 부시의 아들로서 제사장가문의 출신
2. **기록연대 :** B.C. 593~565년 사이(다니엘과 동시대 사역)
3. **기록장소 :** 바벨론
4. **기록대상 :** 바베론에서 포로 생활을 하고 있는 이스라엘 백성들
5. **핵심어 및 내용 :** 에스겔의 핵심어는 "환상"과 "파수꾼"이다.

   B.C.597년에바벨론왕느부갓네살이 포로로 잡아감.(왕하 24:12,14)

   B.C. 593년 포로로 잡힌 지 5년째 되는 해 선지자의 소명을 받음.(겔 1:2~3)

   B.C. 571년 사로잡힌 지 27년째 되던 해 약 22년 동안을 선지자로 사역함.(겔 29:17)

   B.C. 571년에 바벨론에서 죽은 것으로 추정됨.(겔 29:17)

6. 구조

세 번의 환상을 통한 사역

첫 번째 환상(1:1~3:15) 예언자로 소명됨.

두 번째 환상(8:1~11:25) 하나님의 영광이 떠남.(도성과 성전의 파괴)

세 번째 환상(40:1~48:35) 하나님이 돌아오심.(성전의 회복)

7. 특징

1) 비유를 많이 사용함
2) 예언의 날짜가 정확히 기록된 연대별 편집
3) 하나님의 주권, 영광, 신실하심 등을 크게 강조
4) 성전의 타락, 파괴, 그리고 회복 등에 초점을 맞춤.
5) "그들이 나를 여호와인 줄 알리라"라는 구절과 이와 유사한 구절들이 65회 사용
6) 인자(벤아담)라는 말이 93회 사용

에스겔서와 예수 그리스도

연한 백향목 가지(겔 17:22), 자기의 양떼를 구원하고 먹일 진정한 목자(34:23),
왕이 되어 다스릴 한 목자(34:24)

도표로 보기

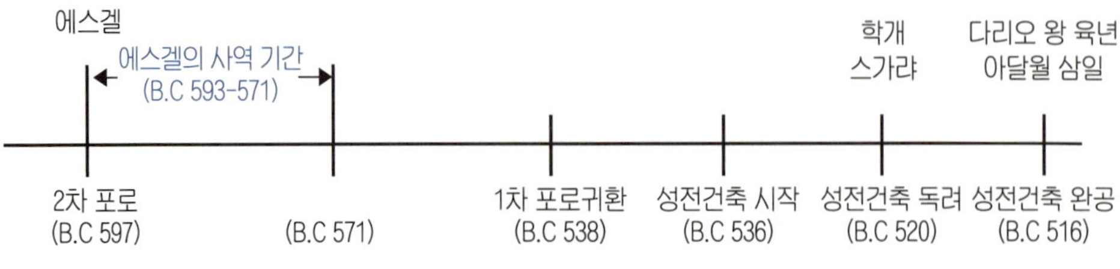

다니엘

1. 기록자 : 다니엘(하나님은 나의 심판자이다)

2. 기록연대 : B.C. 605~536년 사이(에스겔과 동시대 사역), 다니엘과 세 친구가 바벨론으로 사로잡혀 갔던 때부터(단 1:1) 고레스 왕 제 3년까지의 기간이다.(단 10:1)

3. 기록장소 : 바벨론

4. 기록대상 : 포로 생활 초반에 바벨론에 거주하던 이스라엘 백성

5. 핵심어 및 내용 : 자신의 뜻대로 이루시는 하나님의 주권이다. 성도들에게는 시련과 어려움이 계속되겠지만 끝까지 견디는 신실한 자들은 천년 왕국을 포함한 하나님 나라에서 영광과 존귀와 영원한 생명을 얻게 될 것임을 말하고 있다.

6. 구조

1~6장은 다니엘과 그의 세 친구들에 관한 이야기

7~12장 벨사살(539~538년), 다리오(550~530년), 고레스(522~486년) 등의 시대에 받은 환상들

7. 특징

1) 하나님의 계획을 묵시적으로 기록함(묵시나 환상, 메시지)
2) 1~6장 역사적 사건을 서술함.(느부갓네살, 벨사살등 꿈과 환상을 해석해 줌)
   7~12장 각 나라들의 흥망성쇠를 환상과 예언과 계시를 통해 기록함.
3) 1~6장은 3인칭 기법, 7~12장은 1인칭으로 기록
4) 히브리어와 아람의 두 가지 언어로 기록
5) 천사, 메시아, 종말 등 마지막 때에 대해 기록됨
6) 초림과 재림의 때인 마지막 때에 관한 70 이레의 예언 등이 들어있다
   다니엘의 칠십 이레(단 9:24~27) - 예수님의 종말 설교(마 24~25장) - 요한계시록 전체와 연결

다니엘서와 예수 그리스도

손대지 아니한 돌(2:34), 하나님의 아들(3:25), 사람의 아들(7:13), 메시아(9:25)

도표로 보기

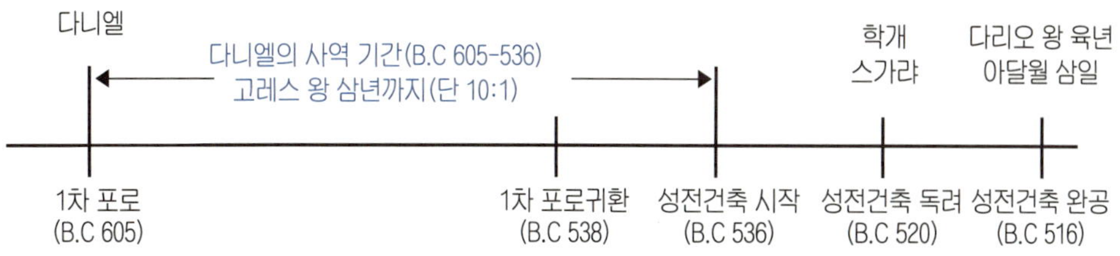

에스겔

여호와의 보좌

1 1 서른째 해 넷째 달 초닷새에 내가
그발 강 가 사로잡힌 자 중에 있을
때에 하늘이 열리며 하나님의 모습이
내게 보이니
2 여호야긴 왕이 사로잡힌 지 오 년 그
달 초닷새라
3 갈대아 땅 그발 강 가에서 여호와의
말씀이 부시의 아들 제사장 나 에스
겔에게 특별히 임하고 여호와의 권능
이 내 위에 있으니라
4 ○ 내가 보니 북쪽에서부터 폭풍과 큰
구름이 오는데 그 속에서 불이 번쩍번
쩍하여 빛이 그 사방에 비치며 그 불
가운데 단 쇠 같은 것이 나타나 보이고
5 그 속에서 네 생물의 형상이 나타나
는데 그들의 모양이 이러하니 그들에
게 사람의 형상이 있더라
6 그들에게 각각 네 얼굴과 네 날개가
있고
7 그들의 다리는 곧은 다리요 그들의
발바닥은 송아지 발바닥 같고 광낸
구리 같이 빛나며

1】

2】

3】

4】

5】

6】

7】

8 그 사방 날개 밑에는 각각 사람의 손
이 있더라 그 네 생물의 얼굴과 날개
가 이러하니
9 날개는 다 서로 연하였으며 갈 때에
는 돌이키지 아니하고 일제히 앞으로
곧게 행하며
10 그 얼굴들의 모양은 넷의 앞은 사람
의 얼굴이요 넷의 오른쪽은 사자의
얼굴이요 넷의 왼쪽은 소의 얼굴이요
넷의 뒤는 독수리의 얼굴이니
11 그 얼굴은 그러하며 그 날개는 들어
펴서 각기 둘씩 서로 연하였고 또 둘
은 몸을 가렸으며
12 영이 어떤 쪽으로 가면 그 생물들도
그대로 가되 돌이키지 아니하고 일제
히 앞으로 곧게 행하며
13 또 생물들의 모양은 타는 숯불과 횃불
모양 같은데 그 불이 그 생물 사이에
서 오르락내리락 하며 그 불은 광채가
있고 그 가운데에서는 번개가 나며
14 그 생물들은 번개 모양 같이 왕래하
더라
15 ○ 내가 그 생물들을 보니 그 생물들
곁에 있는 땅 위에는 바퀴가 있는데
그 네 얼굴을 따라 하나씩 있고
16 그 바퀴의 모양과 그 구조는 황옥 같
이 보이는데 그 넷은 똑같은 모양을

8】

9】

10】

11】

12】

13】

14】

15】

16】

가지고 있으며 그들의 모양과 구조는
바퀴 안에 바퀴가 있는 것 같으며
17 그들이 갈 때에는 사방으로 향한 대
로 돌이키지 아니하고 가며
18 그 둘레는 높고 무서우며 그 네 둘레
로 돌아가면서 눈이 가득하며
19 그 생물들이 갈 때에 바퀴들도 그 곁
에서 가고 그 생물들이 땅에서 들릴
때에 바퀴들도 들려서
20 영이 어떤 쪽으로 가면 생물들도 영
이 가려 하는 곳으로 가고 바퀴들도
그 곁에서 들리니 이는 생물의 영이
그 바퀴들 가운데에 있음이니라
21 그들이 가면 이들도 가고 그들이 서
면 이들도 서고 그들이 땅에서 들릴
때에는 이들도 그 곁에서 들리니 이
는 생물의 영이 그 바퀴들 가운데에
있음이더라
22 ○ 그 생물의 머리 위에는 수정 같은
궁창의 형상이 있어 보기에 두려운데
그들의 머리 위에 펼쳐져 있고
23 그 궁창 밑에 생물들의 날개가 서로
향하여 펴 있는데 이 생물은 두 날개
로 몸을 가렸고 저 생물도 두 날개로
몸을 가렸더라
24 생물들이 갈 때에 내가 그 날개 소리
를 들으니 많은 물 소리와도 같으며

17】

18】

19】

20】

21】

22】

23】

24】

전능자의 음성과도 같으며 떠드는 소
리 곧 군대의 소리와도 같더니 그 생
물이 설 때에 그 날개를 내렸더라
25 그 머리 위에 있는 궁창 위에서부터
음성이 나더라 그 생물이 설 때에 그
날개를 내렸더라
26 ○ 그 머리 위에 있는 궁창 위에 보좌
의 형상이 있는데 그 모양이 남보석
같고 그 보좌의 형상 위에 한 형상이
있어 사람의 모양 같더라
27 내가 보니 그 허리 위의 모양은 단 쇠
같아서 그 속과 주위가 불 같고 내가
보니 그 허리 아래의 모양도 불 같아
서 사방으로 광채가 나며
28 그 사방 광채의 모양은 비 오는 날 구
름에 있는 무지개 같으니 이는 여호
와의 영광의 형상의 모양이라 내가
보고 엎드려 말씀하시는 이의 음성을
들으니라

25】

26】

27】

28】

에스겔을 선지자로 부르시다

2
1 그가 내게 이르시되 인자야 네 발로
일어서라 내가 네게 말하리라 하
시며
2 그가 내게 말씀하실 때에 그 영이 내
게 임하사 나를 일으켜 내 발로 세우
시기로 내가 그 말씀하시는 자의 소

1】

2】

리를 들으니
3 내게 이르시되 인자야 내가 너를 이
스라엘 자손 곧 패역한 백성, 나를 배
반하는 자에게 보내노라 그들과 그
조상들이 내게 범죄하여 오늘까지 이
르렀나니
4 이 자손은 얼굴이 뻔뻔하고 마음이
굳은 자니라 내가 너를 그들에게 보
내노니 너는 그들에게 이르기를 주
여호와의 말씀이 이러하시다 하라
5 그들은 패역한 족속이라 그들이 듣든
지 아니 듣든지 그들 가운데에 선지
자가 있음을 알지니라
6 인자야 너는 비록 가시와 찔레와 함께
있으며 전갈 가운데에 거주할지라도
그들을 두려워하지 말고 그들의 말을
두려워하지 말지어다 그들은 패역한
족속이라도 그 말을 두려워하지 말며
그 얼굴을 무서워하지 말지어다
7 그들은 심히 패역한 자라 그들이 듣
든지 아니 듣든지 너는 내 말로 고할
지어다
8 ○ 너 인자야 내가 네게 이르는 말을
듣고 그 패역한 족속 같이 패역하지
말고 네 입을 벌리고 내가 네게 주는
것을 먹으라 하시기로
9 내가 보니 보라 한 손이 나를 향하여

3】

4】

5】

6】

7】

8】

9】

펴지고 보라 그 안에 두루마리 책이
있더라
10 그가 그것을 내 앞에 펴시니 그 안팎
에 글이 있는데 그 위에 애가와 애곡
과 재앙의 말이 기록되었더라

10】

3

1 또 그가 내게 이르시되 인자야 너
는 발견한 것을 먹으라 너는 이 두
루마리를 먹고 가서 이스라엘 족속에
게 말하라 하시기로
2 내가 입을 벌리니 그가 그 두루마리
를 내게 먹이시며
3 내게 이르시되 인자야 내가 네게 주
는 이 두루마리를 네 배에 넣으며 네
창자에 채우라 하시기에 내가 먹으니
그것이 내 입에서 달기가 꿀 같더라
4 ○ 그가 또 내게 이르시되 인자야 이
스라엘 족속에게 가서 내 말로 그들
에게 고하라
5 너를 언어가 다르거나 말이 어려운
백성에게 보내는 것이 아니요 이스라
엘 족속에게 보내는 것이라
6 너를 언어가 다르거나 말이 어려워
네가 그들의 말을 알아 듣지 못할 나
라들에게 보내는 것이 아니니라 내가
너를 그들에게 보냈다면 그들은 정녕
네 말을 들었으리라

1】

2】

3】

4】

5】

6】

7 그러나 이스라엘 족속은 이마가 굳고
마음이 굳어 네 말을 듣고자 아니하
리니 이는 내 말을 듣고자 아니함이
니라
8 보라 내가 그들의 얼굴을 마주보도록
네 얼굴을 굳게 하였고 그들의 이마를
마주보도록 네 이마를 굳게 하였으되
9 네 이마를 화석보다 굳은 금강석 같
이 하였으니 그들이 비록 반역하는
족속이라도 두려워하지 말며 그들의
얼굴을 무서워하지 말라 하시니라
10 또 내게 이르시되 인자야 내가 네게
이를 모든 말을 너는 마음으로 받으
며 귀로 듣고
11 사로잡힌 네 민족에게로 가서 그들이
듣든지 아니 듣든지 그들에게 고하여
이르기를 주 여호와의 말씀이 이러하
시다 하라
12 ○ 때에 주의 영이 나를 들어올리시
는데 내가 내 뒤에서 크게 울리는 소
리를 들으니 찬송할지어다 여호와의
영광이 그의 처소로부터 나오는도다
하니
13 이는 생물들의 날개가 서로 부딪치는
소리와 생물 곁의 바퀴 소리라 크게
울리는 소리더라
14 주의 영이 나를 들어올려 데리고 가

7】

8】

9】

10】

11】

12】

13】

14】

시는데 내가 근심하고 분한 마음으로
가니 여호와의 권능이 힘 있게 나를
감동시키시더라
15 이에 내가 델아빕에 이르러 그 사로
잡힌 백성 곧 그발 강 가에 거주하는
자들에게 나아가 그 중에서 두려워
떨며 칠 일을 지내니라

파수꾼 에스겔(겔 33:1-9)

16 ○ 칠 일 후에 여호와의 말씀이 내게
임하여 이르시되
17 인자야 내가 너를 이스라엘 족속의
파수꾼으로 세웠으니 너는 내 입의
말을 듣고 나를 대신하여 그들을 깨
우치라
18 가령 내가 악인에게 말하기를 너는
꼭 죽으리라 할 때에 네가 깨우치지
아니하거나 말로 악인에게 일러서 그
의 악한 길을 떠나 생명을 구원하게
하지 아니하면 그 악인은 그의 죄악
중에서 죽으려니와 내가 그의 피 값
을 네 손에서 찾을 것이고
19 네가 악인을 깨우치되 그가 그의 악한
마음과 악한 행위에서 돌이키지 아니
하면 그는 그의 죄악 중에서 죽으려
니와 너는 네 생명을 보존하리라
20 또 의인이 그의 공의에서 돌이켜 악
을 행할 때에는 이미 행한 그의 공의

15】

16】

17】

18】

19】

20】

는 기억할 바 아니라 내가 그 앞에 거
치는 것을 두면 그가 죽을지니 이는
네가 그를 깨우치지 않음이니라 그는
그의 죄 중에서 죽으려니와 그의 피
값은 내가 네 손에서 찾으리라
21 그러나 네가 그 의인을 깨우쳐 범죄
하지 아니하게 함으로 그가 범죄하
지 아니하면 정녕 살리니 이는 깨우
침을 받음이며 너도 네 영혼을 보존
하리라

에스겔이 말 못하는 자가 되다

22 ○ 여호와께서 권능으로 거기서 내
게 임하시고 또 내게 이르시되 일어
나 들로 나아가라 내가 거기서 너와
말하리라 하시기로
23 내가 일어나 들로 나아가니 여호와의
영광이 거기에 머물렀는데 내가 전에
그발 강 가에서 보던 영광과 같은지
라 내가 곧 엎드리니
24 주의 영이 내게 임하사 나를 일으켜
내 발로 세우시고 내게 말씀하여 이
르시되 너는 가서 네 집에 들어가 문
을 닫으라
25 너 인자야 보라 무리가 네 위에 줄을
놓아 너를 동여매리니 네가 그들 가
운데에서 나오지 못할 것이라
26 내가 네 혀를 네 입천장에 붙게 하여

21】

22】

23】

24】

25】

26】

네가 말 못하는 자가 되어 그들을 꾸
짖는 자가 되지 못하게 하리니 그들
은 패역한 족속임이니라
27 그러나 내가 너와 말할 때에 네 입을
열리니 너는 그들에게 이르기를 주
여호와의 말씀이 이러하시다 하라 들
을 자는 들을 것이요 듣기 싫은 자는
듣지 아니하리니 그들은 반역하는 족
속임이니라

27】

예루살렘을 그리고 에워싸라

4
1 너 인자야 토판을 가져다가 그것을
네 앞에 놓고 한 성읍 곧 예루살렘
을 그 위에 그리고
2 그 성읍을 에워싸되 그것을 향하여 사
다리를 세우고 그것을 향하여 흙으로
언덕을 쌓고 그것을 향하여 진을 치고
그것을 향하여 공성퇴를 둘러 세우고
3 또 철판을 가져다가 너와 성읍 사이에
두어 철벽을 삼고 성을 포위하는 것처
럼 에워싸라 이것이 이스라엘 족속에
게 징조가 되리라
4 ○ 너는 또 왼쪽으로 누워 이스라엘
족속의 죄악을 짊어지되 네가 눕는 날
수대로 그 죄악을 담당할지니라
5 내가 그들의 범죄한 햇수대로 네게 날
수를 정하였나니 곧 삼백구십 일이니

1】

2】

3】

4】

5】

라 너는 이렇게 이스라엘 족속의 죄
악을 담당하고
6 그 수가 차거든 너는 오른쪽으로 누
워 유다 족속의 죄악을 담당하라 내
가 네게 사십 일로 정하였나니 하루
가 일 년이니라
7 너는 또 네 얼굴을 에워싸인 예루살
렘 쪽으로 향하고 팔을 걷어 올리고
예언하라
8 내가 줄로 너를 동이리니 네가 에워
싸는 날이 끝나기까지 몸을 이리 저
리 돌리지 못하리라
9 ○ 너는 밀과 보리와 콩과 팥과 조와
귀리를 가져다가 한 그릇에 담고 너
를 위하여 떡을 만들어 네가 옆으로
눕는 날수 곧 삼백구십 일 동안 먹되
10 너는 음식물을 달아서 하루 이십 세
겔씩 때를 따라 먹고
11 물도 육분의 일 힌씩 되어서 때를 따
라 마시라
12 너는 그것을 보리떡처럼 만들어 먹되
그들의 목전에서 인분 불을 피워 구
울지니라
13 또 여호와께서 이르시되 내가 여러
나라들로 쫓아내어 흩어 버릴 이스라
엘 자손이 거기서 이같이 부정한 떡
을 먹으리라 하시기로

6】

7】

8】

9】

10】

11】

12】

13】

14 내가 말하되 아하 주 여호와여 나는
영혼을 더럽힌 일이 없었나이다 어려
서부터 지금까지 스스로 죽은 것이나
짐승에게 찢긴 것을 먹지 아니하였고
가증한 고기를 입에 넣지 아니하였나
이다
15 여호와께서 내게 이르시되 보라 쇠똥
으로 인분을 대신하기를 허락하노니
너는 그것으로 떡을 구울지니라
16 또 내게 이르시되 인자야 내가 예루
살렘에서 의뢰하는 양식을 끊으리니
백성이 근심 중에 떡을 달아 먹고 두
려워 떨며 물을 되어 마시다가
17 떡과 물이 부족하여 피차에 두려워 하
여 떨며 그 죄악 중에서 쇠패하리라

14】

15】

16】

17】

머리털과 수염을 깎는 상징

5

1 너 인자야 너는 날카로운 칼을 가
져다가 삭도로 삼아 네 머리털과
수염을 깎아서 저울로 달아 나누어
두라
2 그 성읍을 에워싸는 날이 차거든 너
는 터럭 삼분의 일은 성읍 안에서 불
사르고 삼분의 일은 성읍 사방에서
칼로 치고 또 삼분의 일은 바람에 흩
으라 내가 그 뒤를 따라 칼을 빼리라
3 너는 터럭 중에서 조금을 네 옷자락

1】

2】

3】

에 싸고
4 또 그 가운데에서 얼마를 불에 던져
사르라 그 속에서 불이 이스라엘 온
족속에게로 나오리라
5 ○ 주 여호와께서 이와 같이 이르시
되 이것이 곧 예루살렘이라 내가 그
를 이방인 가운데에 두어 나라들이
둘러 있게 하였거늘
6 그가 내 규례를 거슬러서 이방인보다
악을 더 행하며 내 율례도 그리함이
그를 둘러 있는 나라들보다 더하니
이는 그들이 내 규례를 버리고 내 율
례를 행하지 아니하였음이니라
7 그러므로 나 주 여호와가 말하노라
너희 요란함이 너희를 둘러싸고 있는
이방인들보다 더하여 내 율례를 행하
지 아니하며 내 규례를 지키지 아니
하고 너희를 둘러 있는 이방인들의
규례대로도 행하지 아니하였느니라
8 그러므로 나 주 여호와가 말하노라
나 곧 내가 너를 치며 이방인의 목전
에서 너에게 벌을 내리되
9 네 모든 가증한 일로 말미암아 내가
전무후무하게 네게 내릴지라
10 그리한즉 네 가운데에서 아버지가 아
들을 잡아먹고 아들이 그 아버지를
잡아먹으리라 내가 벌을 네게 내리고

4】

5】

6】

7】

8】

9】

10】

너희 중에 남은 자를 다 사방에 흩으
리라
11 그러므로 나 주 여호와가 말하노라
내가 나의 삶을 두고 맹세하노니 네
가 모든 미운 물건과 모든 가증한 일
로 내 성소를 더럽혔은즉 나도 너를
아끼지 아니하며 긍휼을 베풀지 아니
하고 미약하게 하리니
12 너희 가운데에서 삼분의 일은 전염병
으로 죽으며 기근으로 멸망할 것이요
삼분의 일은 너의 사방에서 칼에 엎
드러질 것이며 삼분의 일은 내가 사
방에 흩어 버리고 또 그 뒤를 따라 가
며 칼을 빼리라
13 ○ 이와 같이 내 노가 다한즉 그들을
향한 분이 풀려서 내 마음이 가라앉
으리라 내 분이 그들에게 다한즉 나
여호와가 열심으로 말한 줄을 그들이
알리라
14 내가 이르되 또 너를 황무하게 하고
너를 둘러싸고 있는 이방인들 중에서
모든 지나가는 자의 목전에 모욕 거
리가 되게 하리니
15 내 노와 분과 중한 책망으로 네게 벌
을 내린즉 너를 둘러싸고 있는 이방
인들에게 네가 수치와 조롱 거리가
되고 두려움과 경고가 되리라 나 여

11】

12】

13】

14】

15】

호와의 말이니라
16 내가 멸망하게 하는 기근의 독한 화
살을 너희에게 보내되 기근을 더하
여 너희가 의뢰하는 양식을 끊을 것
이라
17 내가 기근과 사나운 짐승을 너희에게
보내 외롭게 하고 너희 가운데에 전
염병과 살륙이 일어나게 하고 또 칼
이 너희에게 임하게 하리라 나 여호
와의 말이니라

16】

17】

여호와께서 우상 숭배를 심판하시다

6 1 여호와의 말씀이 내게 임하여 이
르시되
2 인자야 너는 이스라엘 산을 향하여
그들에게 예언하여
3 이르기를 이스라엘 산들아 주 여호와
의 말씀을 들으라 주 여호와께서 산
과 언덕과 시내와 골짜기를 향하여
이같이 말씀하시기를 나 곧 내가 칼
이 너희에게 임하게 하여 너희 산당
을 멸하리니
4 너희 제단들이 황폐하고 분향제단들
이 깨뜨려질 것이며 너희가 죽임을
당하여 너희 우상 앞에 엎드러지게
할 것이라
5 이스라엘 자손의 시체를 그 우상 앞

1】

2】

3】

4】

5】

에 두며 너희 해골을 너희 제단 사방
에 흩으리라
6 내가 너희가 거주하는 모든 성읍이
사막이 되게 하며 산당을 황폐하게
하리니 이는 너희 제단이 깨어지고
황폐하며 너희 우상들이 깨어져 없어
지며 너희 분향제단들이 찍히며 너희
가 만든 것이 폐하여지며
7 또 너희가 죽임을 당하여 엎드러지게
하여 내가 여호와인 줄을 너희가 알
게 하려 함이라
8 ○ 그러나 너희가 여러 나라에 흩어
질 때에 내가 너희 중에서 칼을 피하
여 이방인들 중에 살아 남은 자가 있
게 할지라
9 너희 중에서 살아 남은 자가 사로잡혀
이방인들 중에 있어서 나를 기억하되
그들이 음란한 마음으로 나를 떠나고
음란한 눈으로 우상을 섬겨 나를 근
심하게 한 것을 기억하고 스스로 한
탄하리니 이는 그 모든 가증한 일로
악을 행하였음이라
10 그 때에야 그들이 나를 여호와인 줄
알리라 내가 이런 재앙을 그들에게 내
리겠다 한 말이 헛되지 아니하니라
11 ○ 주 여호와께서 이같이 이르시되
너는 손뼉을 치고 발을 구르며 말할

6】

7】

8】

9】

10】

11】

지어다 오호라 이스라엘 족속이 모든
가증한 악을 행하므로 마침내 칼과
기근과 전염병에 망하되
12 먼 데 있는 자는 전염병에 죽고 가까
운 데 있는 자는 칼에 엎드러지고 남
아 있어 에워싸인 자는 기근에 죽으
리라 이같이 내 진노를 그들에게 이
룬즉
13 그 죽임 당한 시체들이 그 우상들 사
이에, 제단 사방에, 각 높은 고개 위에,
모든 산 꼭대기에, 모든 푸른 나무 아
래에, 무성한 상수리나무 아래 곧 그
우상에게 분향하던 곳에 있으리니 내
가 여호와인 줄을 너희가 알리라
14 내가 내 손을 그들의 위에 펴서 그가
사는 온 땅 곧 광야에서부터 디블라
까지 황량하고 황폐하게 하리니 내가
여호와인 줄을 그들이 알리라

12】

13】

14】

이스라엘의 끝이 다가오다

7 1 또 여호와의 말씀이 내게 임하여
이르시되
2 너 인자야 주 여호와께서 이스라엘 땅
에 관하여 이같이 말씀하셨느니라 끝
났도다 이 땅 사방의 일이 끝났도다
3 이제는 네게 끝이 이르렀나니 내가
내 진노를 네게 나타내어 네 행위를

1】

2】

3】

심판하고 네 모든 가증한 일을 보응
하리라
4 내가 너를 불쌍히 여기지 아니하며
긍휼히 여기지도 아니하고 네 행위대
로 너를 벌하여 네 가증한 일이 너희
중에 나타나게 하리니 내가 여호와인
줄을 너희가 알리라
5 ○ 주 여호와께서 이같이 이르시되
재앙이로다, 비상한 재앙이로다 볼지
어다 그것이 왔도다
6 끝이 왔도다, 끝이 왔도다 끝이 너에
게 왔도다 볼지어다 그것이 왔도다
7 이 땅 주민아 정한 재앙이 네게 임하
도다 때가 이르렀고 날이 가까웠으니
요란한 날이요 산에서 즐거이 부르는
날이 아니로다
8 이제 내가 속히 분을 네게 쏟고 내 진
노를 네게 이루어서 네 행위대로 너
를 심판하여 네 모든 가증한 일을 네
게 보응하되
9 내가 너를 불쌍히 여기지 아니하며
긍휼히 여기지도 아니하고 네 행위대
로 너를 벌하여 너의 가증한 일이 너
희 중에 나타나게 하리니 나 여호와
가 때리는 이임을 네가 알리라
10 ○ 볼지어다 그 날이로다 볼지어다
임박하도다 정한 재앙이 이르렀으니

4】

5】

6】

7】

8】

9】

10】

몽둥이가 꽃이 피며 교만이 싹이 났
도다
11 포학이 일어나서 죄악의 몽둥이가 되
었은즉 그들도, 그 무리도, 그 재물도
하나도 남지 아니하며 그 중의 아름
다운 것도 없어지리로다
12 때가 이르렀고 날이 가까웠으니 사는
자도 기뻐하지 말고 파는 자도 근심
하지 말 것은 진노가 그 모든 무리에
게 임함이로다
13 파는 자가 살아 있다 할지라도 다시
돌아가서 그 판 것을 얻지 못하리니
이는 묵시가 그 모든 무리에게 돌아
오지 아니하고, 사람이 그 죄악으로
말미암아 자기의 목숨을 유지할 수
없으리라 하였음이로다

이스라엘이 받는 벌

14 ○ 그들이 나팔을 불어 온갖 것을 준
비하였을지라도 전쟁에 나갈 사람이
없나니 이는 내 진노가 그 모든 무리
에게 이르렀음이라
15 밖에는 칼이 있고 안에는 전염병과
기근이 있어서 밭에 있는 자는 칼에
죽을 것이요 성읍에 있는 자는 기근
과 전염병에 망할 것이며
16 도망하는 자는 산 위로 피하여 다 각
기 자기 죄악 때문에 골짜기의 비둘

11】

12】

13】

14】

15】

16】

기들처럼 슬피 울 것이며
17 모든 손은 피곤하고 모든 무릎은 물
과 같이 약할 것이라
18 그들이 굵은 베로 허리를 묶을 것이
요 두려움이 그들을 덮을 것이요 모
든 얼굴에는 수치가 있고 모든 머리
는 대머리가 될 것이며
19 그들이 그 은을 거리에 던지며 그 금
을 오물 같이 여기리니 이는 여호와
내가 진노를 내리는 날에 그들의 은
과 금이 능히 그들을 건지지 못하며
능히 그 심령을 족하게 하거나 그 창
자를 채우지 못하고 오직 죄악의 걸
림돌이 됨이로다
20 그들이 그 화려한 장식으로 말미암아
교만을 품었고 또 그것으로 가증한
우상과 미운 물건을 만들었은즉 내가
그것을 그들에게 오물이 되게 하여
21 타국인의 손에 넘겨 노략하게 하며
세상 악인에게 넘겨 그들이 약탈하여
더럽히게 하고
22 내가 또 내 얼굴을 그들에게서 돌이
키리니 그들이 내 은밀한 처소를 더
럽히고 포악한 자도 거기 들어와서
더럽히리라
23 ○ 너는 쇠사슬을 만들라 이는 피 흘
리는 죄가 그 땅에 가득하고 포악이

17】

18】

19】

20】

21】

22】

23】

그 성읍에 찼음이라
24 내가 극히 악한 이방인들을 데려와서
그들이 그 집들을 점령하게 하고 강
한 자의 교만을 그치게 하리니 그들
의 성소가 더럽힘을 당하리라
25 패망이 이르리니 그들이 평강을 구하
여도 없을 것이라
26 환난에 환난이 더하고 소문에 소문이
더할 때에 그들이 선지자에게서 묵시
를 구하나 헛될 것이며 제사장에게는
율법이 없어질 것이요 장로에게는 책
략이 없어질 것이며
27 왕은 애통하고 고관은 놀람을 옷 입
듯 하며 주민의 손은 떨리리라 내가
그 행위대로 그들에게 갚고 그 죄악
대로 그들을 심판하리니 내가 여호와
인 줄을 그들이 알리라

24】

25】

26】

27】

예루살렘의 우상 숭배

8 1 여섯째 해 여섯째 달 초닷새에 나
는 집에 앉았고 유다의 장로들은
내 앞에 앉아 있는데 주 여호와의 권
능이 거기에서 내게 내리기로
2 내가 보니 불 같은 형상이 있더라 그
허리 아래의 모양은 불 같고 허리 위
에는 광채가 나서 단 쇠 같은데
3 그가 손 같은 것을 펴서 내 머리털 한

1】

2】

3】

모숨을 잡으며 주의 영이 나를 들어
천지 사이로 올리시고 하나님의 환상
가운데에 나를 이끌어 예루살렘으로
가서 안뜰로 들어가는 북향한 문에
이르시니 거기에는 질투의 우상 곧
질투를 일어나게 하는 우상의 자리가
있는 곳이라
4 이스라엘 하나님의 영광이 거기에 있
는데 내가 들에서 본 모습과 같더라
5 ○ 그가 내게 이르시되 인자야 이제
너는 눈을 들어 북쪽을 바라보라 하
시기로 내가 눈을 들어 북쪽을 바라
보니 제단문 어귀 북쪽에 그 질투의
우상이 있더라
6 그가 또 내게 이르시되 인자야 이스
라엘 족속이 행하는 일을 보느냐 그
들이 여기에서 크게 가증한 일을 행
하여 나로 내 성소를 멀리 떠나게 하
느니라 너는 다시 다른 큰 가증한 일
을 보리라 하시더라
7 그가 나를 이끌고 뜰 문에 이르시기
로 내가 본즉 담에 구멍이 있더라
8 그가 내게 이르시되 인자야 너는 이
담을 헐라 하시기로 내가 그 담을 허
니 한 문이 있더라
9 또 내게 이르시되 들어가서 그들이
거기에서 행하는 가증하고 악한 일을

4】

5】

6】

7】

8】

9】

보라 하시기로
10 내가 들어가 보니 각양 곤충과 가증
한 짐승과 이스라엘 족속의 모든 우
상을 그 사방 벽에 그렸고
11 이스라엘 족속의 장로 중 칠십 명이
그 앞에 섰으며 사반의 아들 야아사냐
도 그 가운데에 섰고 각기 손에 향로를
들었는데 향연이 구름 같이 오르더라
12 또 내게 이르시되 인자야 이스라엘
족속의 장로들이 각각 그 우상의 방
안 어두운 가운데에서 행하는 것을
네가 보았느냐 그들이 이르기를 여호
와께서 우리를 보지 아니하시며 여호
와께서 이 땅을 버리셨다 하느니라
13 또 내게 이르시되 너는 다시 그들이
행하는 바 다른 큰 가증한 일을 보리
라 하시더라
14 ○ 그가 또 나를 데리고 여호와의 전
으로 들어가는 북문에 이르시기로 보
니 거기에 여인들이 앉아 담무스를
위하여 애곡하더라
15 그가 또 내게 이르시되 인자야 네가
그것을 보았느냐 너는 또 이보다 더
큰 가증한 일을 보리라 하시더라
16 ○ 그가 또 나를 데리고 여호와의 성
전 안뜰에 들어가시니라 보라 여호
와의 성전 문 곧 현관과 제단 사이에

10】

11】

12】

13】

14】

15】

16】

서 약 스물다섯 명이 여호와의 성전
을 등지고 낯을 동쪽으로 향하여 동
쪽 태양에게 예배하더라
17 또 내게 이르시되 인자야 네가 보았
느냐 유다 족속이 여기에서 행한 가
증한 일을 적다 하겠느냐 그들이 그
땅을 폭행으로 채우고 또 다시 내 노
여움을 일으키며 심지어 나뭇가지를
그 코에 두었느니라
18 그러므로 나도 분노로 갚아 불쌍히 여
기지 아니하며 긍휼을 베풀지도 아니
하리니 그들이 큰 소리로 내 귀에 부
르짖을지라도 내가 듣지 아니하리라

17】

18】

예루살렘을 향하여 분노를 쏟으시다

9
1 또 그가 큰 소리로 내 귀에 외쳐 이
르시되 이 성읍을 관할하는 자들
이 각기 죽이는 무기를 손에 들고 나
아오게 하라 하시더라
2 내가 보니 여섯 사람이 북향한 윗문
길로부터 오는데 각 사람의 손에 죽
이는 무기를 잡았고 그 중의 한 사람
은 가는 베 옷을 입고 허리에 서기관
의 먹 그릇을 찼더라 그들이 들어와
서 놋 제단 곁에 서더라
3 ○ 그룹에 머물러 있던 이스라엘 하
나님의 영광이 성전 문지방에 이르더

1】

2】

3】

니 여호와께서 그 가는 베 옷을 입고
서기관의 먹 그릇을 찬 사람을 불러
4 여호와께서 이르시되 너는 예루살
렘 성읍 중에 순행하여 그 가운데에
서 행하는 모든 가증한 일로 말미암
아 탄식하며 우는 자의 이마에 표를
그리라 하시고
5 그들에 대하여 내 귀에 이르시되 너
희는 그를 따라 성읍 중에 다니며 불
쌍히 여기지 말며 긍휼을 베풀지 말
고 쳐서
6 늙은 자와 젊은 자와 처녀와 어린이
와 여자를 다 죽이되 이마에 표 있는
자에게는 가까이 하지 말라 내 성소
에서 시작할지니라 하시매 그들이 성
전 앞에 있는 늙은 자들로부터 시작
하더라
7 그가 또 그들에게 이르시되 너희는
성전을 더럽혀 시체로 모든 뜰에 채
우라 너희는 나가라 하시매 그들이
나가서 성읍 중에서 치더라
8 그들이 칠 때에 내가 홀로 있었는지
라 엎드려 부르짖어 이르되 아하 주
여호와여 예루살렘을 향하여 분노를
쏟으시오니 이스라엘의 남은 자를 모
두 멸하려 하시나이까
9 ○ 그가 내게 이르시되 이스라엘과

4】

5】

6】

7】

8】

9】

년 월 일

유다 족속의 죄악이 심히 중하여 그
땅에 피가 가득하며 그 성읍에 불법
이 찼나니 이는 그들이 이르기를 여
호와께서 이 땅을 버리셨으며 여호와
께서 보지 아니하신다 함이라
10 그러므로 내가 그들을 불쌍히 여기지
아니하며 긍휼을 베풀지 아니하고 그
들의 행위대로 그들의 머리에 갚으리
라 하시더라
11 보라 가는 베 옷을 입고 허리에 먹 그
릇을 찬 사람이 복명하여 이르되 주
께서 내게 명령하신 대로 내가 준행
하였나이다 하더라

10】

11】

여호와의 영광이 성전을 떠나시다

10 1 이에 내가 보니 그룹들 머리 위 궁
창에 남보석 같은 것이 나타나는데
그들 위에 보좌의 형상이 있는 것 같
더라
2 하나님이 가는 베 옷을 입은 사람에
게 말씀하여 이르시되 너는 그룹 밑
에 있는 바퀴 사이로 들어가 그 속에
서 숯불을 두 손에 가득히 움켜 가지
고 성읍 위에 흩으라 하시매 그가 내
목전에서 들어가더라
3 그 사람이 들어갈 때에 그룹들은 성
전 오른쪽에 서 있고 구름은 안뜰에

1】

2】

3】

가득하며
4 여호와의 영광이 그룹에서 올라와 성
전 문지방에 이르니 구름이 성전에
가득하며 여호와의 영화로운 광채가
뜰에 가득하였고
5 그룹들의 날개 소리는 바깥뜰까지 들
리는데 전능하신 하나님이 말씀하시
는 음성 같더라
6 하나님이 가는 베 옷을 입은 자에게
명령하시기를 바퀴 사이 곧 그룹들
사이에서 불을 가져 가라 하셨으므로
그가 들어가 바퀴 옆에 서매
7 그 그룹이 그룹들 사이에서 손을 내
밀어 그 그룹들 사이에 있는 불을 집
어 가는 베 옷을 입은 자의 손에 주매
그가 받아 가지고 나가는데
8 그룹들의 날개 밑에 사람의 손 같은
것이 나타나더라
9 ○ 내가 보니 그룹들 곁에 네 바퀴가
있는데 이 그룹 곁에도 한 바퀴가 있
고 저 그룹 곁에도 한 바퀴가 있으며
그 바퀴 모양은 황옥 같으며
10 그 모양은 넷이 꼭 같은데 마치 바퀴
안에 바퀴가 있는 것 같으며
11 그룹들이 나아갈 때에는 사방으로 몸
을 돌리지 아니하고 나아가되 몸을
돌리지 아니하고 그 머리 향한 곳으

4】
5】
6】
7】
8】
9】
10】
11】

로 나아가며
12 그 온 몸과 등과 손과 날개와 바퀴 곧
네 그룹의 바퀴의 둘레에 다 눈이 가
득하더라
13 내가 들으니 그 바퀴들을 도는 것이
라 부르며
14 그룹들에게는 각기 네 면이 있는데 첫
째 면은 그룹의 얼굴이요 둘째 면은
사람의 얼굴이요 셋째는 사자의 얼굴
이요 넷째는 독수리의 얼굴이더라
15 ○ 그룹들이 올라가니 그들은 내가
그발 강 가에서 보던 생물이라
16 그룹들이 나아갈 때에는 바퀴도 그
곁에서 나아가고 그룹들이 날개를 들
고 땅에서 올라가려 할 때에도 바퀴
가 그 곁을 떠나지 아니하며
17 그들이 서면 이들도 서고 그들이 올라
가면 이들도 함께 올라가니 이는 생물
의 영이 바퀴 가운데에 있음이더라
18 ○ 여호와의 영광이 성전 문지방을
떠나서 그룹들 위에 머무르니
19 그룹들이 날개를 들고 내 눈 앞의 땅
에서 올라가는데 그들이 나갈 때에
바퀴도 그 곁에서 함께 하더라 그들
이 여호와의 전으로 들어가는 동문에
머물고 이스라엘 하나님의 영광이 그
위에 덮였더라

12】

13】

14】

15】

16】

17】

18】

19】

20 ○ 그것은 내가 그발 강 가에서 보던
이스라엘의 하나님 아래에 있던 생
물이라 그들이 그룹인 줄을 내가 아
니라
21 각기 네 얼굴과 네 날개가 있으며 날
개 밑에는 사람의 손 형상이 있으니
22 그 얼굴의 형상은 내가 그발 강 가에
서 보던 얼굴이며 그 모양과 그 몸도
그러하며 각기 곧게 앞으로 가더라

예루살렘이 심판을 받다

11 1 그 때에 주의 영이 나를 들어올려
서 여호와의 전 동문 곧 동향한
문에 이르시기로 보니 그 문에 사람이
스물다섯 명이 있는데 내가 그 중에서
앗술의 아들 야아사냐와 브나야의 아
들 블라댜를 보았으니 그들은 백성의
고관이라
2 그가 내게 이르시되 인자야 이 사람
들은 불의를 품고 이 성 중에서 악한
꾀를 꾸미는 자니라
3 그들의 말이 집 건축할 때가 가깝지
아니한즉 이 성읍은 가마가 되고 우
리는 고기가 된다 하나니
4 그러므로 인자야 너는 그들을 쳐서
예언하고 예언할지니라
5 ○ 여호와의 영이 내게 임하여 이르

시되 너는 말하기를 여호와의 말씀에
이스라엘 족속아 너희가 이렇게 말하
였도다 너희 마음에서 일어나는 것을
내가 다 아노라
6 너희가 이 성읍에서 많이 죽여 그 거
리를 시체로 채웠도다
7 그러므로 주 여호와께서 이같이 말
씀하셨느니라 이 성읍 중에서 너희가
죽인 시체는 그 고기요 이 성읍은 그
가마인데 너희는 그 가운데에서 끌려
나오리라
8 나 주 여호와가 말하노라 너희가 칼
을 두려워하니 내가 칼로 너희에게
이르게 하고
9 너희를 그 성읍 가운데에서 끌어내
어 타국인의 손에 넘겨 너희에게 벌
을 내리리니
10 너희가 칼에 엎드러질 것이라 내가
이스라엘 변경에서 너희를 심판하
리니 너희는 내가 여호와인 줄을 알
리라
11 이 성읍은 너희 가마가 되지 아니하
고 너희는 그 가운데에 고기가 되지
아니할지라 내가 너희를 이스라엘 변
경에서 심판하리니
12 너희는 내가 여호와인 줄을 알리라
너희가 내 율례를 행하지 아니하며

6】
7】
8】
9】
10】
11】
12】

규례를 지키지 아니하고 너희 사방에
있는 이방인의 규례대로 행하였느니
라 하셨다 하라
13 이에 내가 예언할 때에 브나야의 아
들 블라댜가 죽기로 내가 엎드려 큰
소리로 부르짖어 이르되 오호라 주
여호와여 이스라엘의 남은 자를 다
멸절하고자 하시나이까 하니라

이스라엘의 회복을 이르시다

14 ○ 여호와의 말씀이 내게 임하여 이
르시되
15 인자야 예루살렘 주민이 네 형제 곧
네 형제와 친척과 온 이스라엘 족속
을 향하여 이르기를 너희는 여호와에
게서 멀리 떠나라 이 땅은 우리에게
주어 기업이 되게 하신 것이라 하였
나니
16 그런즉 너는 말하기를 주 여호와의 말
씀에 내가 비록 그들을 멀리 이방인
가운데로 쫓아내어 여러 나라에 흩었
으나 그들이 도달한 나라들에서 내가
잠깐 그들에게 성소가 되리라 하셨다
하고
17 너는 또 말하기를 주 여호와의 말씀
에 내가 너희를 만민 가운데에서 모
으며 너희를 흩은 여러 나라 가운데
에서 모아 내고 이스라엘 땅을 너희

13】

14】

15】

16】

17】

에게 주리라 하셨다 하라
18 그들이 그리로 가서 그 가운데의 모
든 미운 물건과 모든 가증한 것을 제
거하여 버릴지라
19 내가 그들에게 한 마음을 주고 그 속
에 새 영을 주며 그 몸에서 돌 같은 마
음을 제거하고 살처럼 부드러운 마음
을 주어
20 내 율례를 따르며 내 규례를 지켜 행
하게 하리니 그들은 내 백성이 되고
나는 그들의 하나님이 되리라
21 그러나 미운 것과 가증한 것을 마음
으로 따르는 자는 내가 그 행위대로
그 머리에 갚으리라 나 주 여호와의
말이니라

여호와의 영광이 떠나시다

22 ○ 그 때에 그룹들이 날개를 드는데
바퀴도 그 곁에 있고 이스라엘 하나
님의 영광도 그 위에 덮였더니
23 여호와의 영광이 성읍 가운데에서부
터 올라가 성읍 동쪽 산에 머무르고
24 주의 영이 나를 들어 하나님의 영의
환상 중에 데리고 갈대아에 있는 사
로잡힌 자 중에 이르시더니 내가 본
환상이 나를 떠나 올라간지라
25 내가 사로잡힌 자에게 여호와께서 내
게 보이신 모든 일을 말하니라

18】

19】

20】

21】

22】

23】

24】

25】

포로가 될 것을 나타내는 상징행위

12 1 또 여호와의 말씀이 내게 임하여
이르시되
2 인자야 네가 반역하는 족속 중에 거
주하는도다 그들은 볼 눈이 있어도
보지 아니하고 들을 귀가 있어도 듣
지 아니하나니 그들은 반역하는 족속
임이라
3 인자야 너는 포로의 행장을 꾸리고
낮에 그들의 목전에서 끌려가라 네가
네 처소를 다른 곳으로 옮기는 것을
그들이 보면 비록 반역하는 족속이라
도 혹 생각이 있으리라
4 너는 낮에 그들의 목전에서 네 포로
의 행장을 밖에 내놓기를 끌려가는
포로의 행장 같이 하고 저물 때에 너
는 그들의 목전에서 밖으로 나가기를
포로되어 가는 자 같이 하라
5 너는 그들의 목전에서 성벽을 뚫고
그리로 따라 옮기되
6 캄캄할 때에 그들의 목전에서 어깨에
메고 나가며 얼굴을 가리고 땅을 보
지 말지어다 이는 내가 너를 세워 이
스라엘 족속에게 징조가 되게 함이라
하시기로
7 내가 그 명령대로 행하여 낮에 나의
행장을 끌려가는 포로의 행장 같이

1】

2】

3】

4】

5】

6】

7】

내놓고 저물 때에 내 손으로 성벽을
뚫고 캄캄할 때에 행장을 내다가 그
들의 목전에서 어깨에 메고 나가니라
8 ○ 이튿날 아침에 여호와의 말씀이
또 내게 임하여 이르시되
9 인자야 이스라엘 족속 곧 그 반역하
는 족속이 네게 묻기를 무엇을 하느
냐 하지 아니하더냐
10 너는 그들에게 말하기를 주 여호와의
말씀에 이것은 예루살렘 왕과 그 가
운데에 있는 이스라엘 온 족속에 대
한 묵시라 하셨다 하고
11 또 말하기를 나는 너희 징조라 내가
행한 대로 그들도 포로로 사로잡혀
가리라
12 무리가 성벽을 뚫고 행장을 그리로
가지고 나가고 그 중에 왕은 어두울
때에 어깨에 행장을 메고 나가며 눈
으로 땅을 보지 아니하려고 자기 얼
굴을 가리리라 하라
13 내가 또 내 그물을 그의 위에 치고 내
올무에 걸리게 하여 그를 끌고 갈대
아 땅 바벨론에 이르리니 그가 거기
에서 죽으려니와 그 땅을 보지 못하
리라
14 내가 그 호위하는 자와 부대들을 다
사방으로 흩고 또 그 뒤를 따라 칼을

8】

9】

10】

11】

12】

13】

14】

빼리라
15 내가 그들을 이방인 가운데로 흩으며
여러 나라 가운데에 헤친 후에야 내
가 여호와인 줄을 그들이 알리라
16 그러나 내가 그 중 몇 사람을 남겨 칼
과 기근과 전염병에서 벗어나게 하여
그들이 이르는 이방인 가운데에서 자
기의 모든 가증한 일을 자백하게 하리
니 내가 여호와인 줄을 그들이 알리라

떨면서 먹고 마시며 보이는 징조

17 ○ 여호와의 말씀이 또 내게 임하여
이르시되
18 인자야 너는 떨면서 네 음식을 먹고
놀라고 근심하면서 네 물을 마시며
19 이 땅 백성에게 말하되 주 여호와께
서 예루살렘 주민과 이스라엘 땅에
대하여 이르시기를 그들이 근심하면
서 그 음식을 먹으며 놀라면서 그 물
을 마실 것은 이 땅 모든 주민의 포악
으로 말미암아 땅에 가득한 것이 황
폐하게 됨이라
20 사람이 거주하는 성읍들이 황폐하며
땅이 적막하리니 내가 여호와인 줄을
너희가 알리라 하셨다 하라

속담과 묵시

21 ○ 여호와의 말씀이 또 내게 임하여
이르시되

15】
16】
17】
18】
19】
20】
21】

22 인자야 이스라엘 땅에서 이르기를 날
이 더디고 모든 묵시가 사라지리라
하는 너희의 이 속담이 어찌 됨이냐
23 그러므로 너는 그들에게 이르기를 주
여호와께서 이같이 말씀하시기를 내
가 이 속담을 그치게 하리니 사람이
다시는 이스라엘 가운데에서 이 속담
을 사용하지 못하리라 하셨다 하고
또 그들에게 이르기를 날과 모든 묵
시의 응함이 가까우니
24 이스라엘 족속 중에 허탄한 묵시나
아첨하는 복술이 다시 있지 못하리라
하라
25 나는 여호와라 내가 말하리니 내가
하는 말이 다시는 더디지 아니하고
응하리라 반역하는 족속이여 내가 너
희 생전에 말하고 이루리라 나 주 여
호와의 말이니라 하셨다 하라
26 ○ 여호와의 말씀이 또 내게 임하여
이르시되
27 인자야 이스라엘 족속의 말이 그가
보는 묵시는 여러 날 후의 일이라 그
가 멀리 있는 때에 대하여 예언하였
다 하느니라
28 그러므로 너는 그들에게 이르기를 주
여호와의 말씀에 나의 말이 하나도
다시 더디지 아니할지니 내가 한 말

22】

23】

24】

25】

26】

27】

28】

이 이루어지리라 나 주 여호와의 말
이니라 하셨다 하라

거짓 선지자의 종말

13 1 여호와의 말씀이 내게 임하여 이
르시되
2 인자야 너는 이스라엘의 예언하는 선
지자들에게 경고하여 예언하되 자기
마음대로 예언하는 자에게 말하기를
너희는 여호와의 말씀을 들으라
3 주 여호와의 말씀에 본 것이 없이 자
기 심령을 따라 예언하는 어리석은
선지자에게 화가 있을진저
4 이스라엘아 너의 선지자들은 황무지
에 있는 여우 같으니라
5 너희 선지자들이 성 무너진 곳에 올
라가지도 아니하였으며 이스라엘 족
속을 위하여 여호와의 날에 전쟁에서
견디게 하려고 성벽을 수축하지도 아
니하였느니라
6 여호와께서 말씀하셨다고 하는 자들
이 허탄한 것과 거짓된 점괘를 보며
사람들에게 그 말이 확실히 이루어지
기를 바라게 하거니와 그들은 여호와
가 보낸 자가 아니라
7 너희가 말하기는 여호와의 말씀이라
하여도 내가 말한 것이 아닌즉 어찌

1】
2】
3】
4】
5】
6】
7】

허탄한 묵시를 보며 거짓된 점괘를
말한 것이 아니냐
8 ○ 그러므로 주 여호와께서 이같이
말씀하셨느니라 너희가 허탄한 것을
말하며 거짓된 것을 보았은즉 내가 너
희를 치리라 주 여호와의 말씀이니라
9 그 선지자들이 허탄한 묵시를 보며
거짓 것을 점쳤으니 내 손이 그들을
쳐서 내 백성의 공회에 들어오지 못
하게 하며 이스라엘 족속의 호적에도
기록되지 못하게 하며 이스라엘 땅에
도 들어가지 못하게 하리니 너희가
나를 여호와인 줄 알리라
10 이렇게 칠 것은 그들이 내 백성을 유
혹하여 평강이 없으나 평강이 있다
함이라 어떤 사람이 담을 쌓을 때에
그들이 회칠을 하는도다
11 그러므로 너는 회칠하는 자에게 이르
기를 그것이 무너지리라 폭우가 내리
며 큰 우박덩이가 떨어지며 폭풍이
몰아치리니
12 그 담이 무너진즉 어떤 사람이 너희
에게 말하기를 그것에 칠한 회가 어
디 있느냐 하지 아니하겠느냐
13 그러므로 나 주 여호와가 말하노라
내가 분노하여 폭풍을 퍼붓고 내가
진노하여 폭우를 내리고 분노하여 큰

8】

9】

10】

11】

12】

13】

우박덩어리로 무너뜨리리라
14 회칠한 담을 내가 이렇게 허물어서
땅에 넘어뜨리고 그 기초를 드러낼
것이라 담이 무너진즉 너희가 그 가
운데에서 망하리니 나를 여호와인 줄
알리라
15 이와 같이 내가 내 노를 담과 회칠한
자에게 모두 이루고 또 너희에게 말
하기를 담도 없어지고 칠한 자들도
없어졌다 하리니
16 이들은 예루살렘에 대하여 예언하기
를 평강이 없으나 평강의 묵시를 보
았다고 하는 이스라엘의 선지자들이
니라 주 여호와의 말씀이니라

거짓말로 예언하는 여자들

17 ○ 너 인자야 너의 백성 중 자기 마음
대로 예언하는 여자들에게 경고하며
예언하여
18 이르기를 주 여호와의 말씀에 사람의
영혼을 사냥하려고 손목마다 부적을
꿰어 매고 키가 큰 자나 작은 자의 머
리를 위하여 수건을 만드는 여자들에
게 화 있을진저 너희가 어찌하여 내
백성의 영혼은 사냥하면서 자기를 위
하여는 영혼을 살리려 하느냐
19 너희가 두어 움큼 보리와 두어 조각
떡을 위하여 나를 내 백성 가운데에

14】

15】

16】

17】

18】

19】

서 욕되게 하여 거짓말을 곧이 듣는
내 백성에게 너희가 거짓말을 지어내
어 죽지 아니할 영혼을 죽이고 살지
못할 영혼을 살리는도다
20 그러므로 나 주 여호와가 이같이 말하
노라 너희가 새를 사냥하듯 영혼들을
사냥하는 그 부적을 내가 너희 팔에서
떼어 버리고 너희가 새처럼 사냥한 그
영혼들을 놓아 주며
21 또 너희 수건을 찢고 내 백성을 너희
손에서 건지고 다시는 너희 손에 사
냥물이 되지 아니하게 하리니 내가
여호와인 줄을 너희가 알리라
22 내가 슬프게 하지 아니한 의인의 마
음을 너희가 거짓말로 근심하게 하며
너희가 또 악인의 손을 굳게 하여 그
악한 길에서 돌이켜 떠나 삶을 얻지
못하게 하였은즉
23 너희가 다시는 허탄한 묵시를 보지
못하고 점복도 못할지라 내가 내 백
성을 너희 손에서 건져내리니 내가
여호와인 줄을 너희가 알리라 하라

20】

21】

22】

23】

여호와께서 우상 숭배를 심판하시다

14
1 이스라엘 장로 두어 사람이 나아와
내 앞에 앉으니
2 여호와의 말씀이 내게 임하여 이르시되

1】

2】

3 인자야 이 사람들이 자기 우상을 마
음에 들이며 죄악의 걸림돌을 자기
앞에 두었으니 그들이 내게 묻기를
내가 조금인들 용납하랴
4 그런즉 너는 그들에게 말하여 이르라
나 주 여호와가 말하노라 이스라엘 족
속 중에 그 우상을 마음에 들이며 죄
악의 걸림돌을 자기 앞에 두고 선지
자에게로 가는 모든 자에게 나 여호
와가 그 우상의 수효대로 보응하리니
5 이는 이스라엘 족속이 다 그 우상으
로 말미암아 나를 배반하였으므로 내
가 그들이 마음먹은 대로 그들을 잡
으려 함이라
6 ○ 그런즉 너는 이스라엘 족속에게
이르기를 주 여호와의 말씀에 너희는
마음을 돌이켜 우상을 떠나고 얼굴을
돌려 모든 가증한 것을 떠나라
7 이스라엘 족속과 이스라엘 가운데에
거류하는 외국인 중에 누구든지 나를
떠나고 자기 우상을 마음에 들이며
죄악의 걸림돌을 자기 앞에 두고 자
기를 위하여 내게 묻고자 하여 선지
자에게 가는 모든 자에게는 나 여호
와가 친히 응답하여
8 그 사람을 대적하여 그들을 놀라움과
표징과 속담 거리가 되게 하여 내 백

3】

4】

5】

6】

7】

8】

성 가운데에서 끊으리니 내가 여호와
인 줄을 너희가 알리라
9 만일 선지자가 유혹을 받고 말을 하
면 나 여호와가 그 선지자를 유혹을
받게 하였음이거니와 내가 손을 펴
서 내 백성 이스라엘 가운데에서 그
를 멸할 것이라
10 선지자의 죄악과 그에게 묻는 자의
죄악이 같은즉 각각 자기의 죄악을
담당하리니
11 이는 이스라엘 족속이 다시는 미혹되
어 나를 떠나지 아니하게 하며 다시
는 모든 죄로 스스로 더럽히지 아니
하게 하여 그들을 내 백성으로 삼고
나는 그들의 하나님이 되려 함이라
주 여호와의 말씀이니라

의인도 자기의 생명만 건지리라

12 ○ 여호와의 말씀이 또 내게 임하여
이르시되
13 인자야 가령 어떤 나라가 불법을 행
하여 내게 범죄하므로 내가 손을 그
위에 펴서 그 의지하는 양식을 끊어
기근을 내려 사람과 짐승을 그 나라
에서 끊는다 하자
14 비록 노아, 다니엘, 욥, 이 세 사람이
거기에 있을지라도 그들은 자기의 공
의로 자기의 생명만 건지리라 나 주

9】

10】

11】

12】

13】

14】

여호와의 말이니라
15 가령 내가 사나운 짐승을 그 땅에 다
니게 하여 그 땅을 황폐하게 하여 사
람이 그 짐승 때문에 능히 다니지 못
하게 한다 하자
16 비록 이 세 사람이 거기에 있을지라
도 나의 삶을 두고 맹세하노니 그들
도 자녀는 건지지 못하고 자기만 건
지겠고 그 땅은 황폐하리라 주 여호
와의 말씀이니라
17 가령 내가 칼이 그 땅에 임하게 하고
명령하기를 칼아 그 땅에 돌아다니라
하고 내가 사람과 짐승을 거기에서
끊는다 하자
18 비록 이 세 사람이 거기에 있을지라
도 나의 삶을 두고 맹세하노니 그들
도 자녀는 건지지 못하고 자기만 건
지리라 나 주 여호와의 말이니라
19 가령 내가 그 땅에 전염병을 내려 죽
임으로 내 분노를 그 위에 쏟아 사람
과 짐승을 거기에서 끊는다 하자
20 비록 노아, 다니엘, 욥이 거기에 있을
지라도 나의 삶을 두고 맹세하노니
그들도 자녀는 건지지 못하고 자기의
공의로 자기의 생명만 건지리라 주
여호와의 말씀이니라
21 ○ 주 여호와께서 이같이 이르시되

15】
16】
17】
18】
19】
20】
21】

내가 나의 네 가지 중한 벌 곧 칼과 기
근과 사나운 짐승과 전염병을 예루살
렘에 함께 내려 사람과 짐승을 그 중
에서 끊으리니 그 해가 더욱 심하지
아니하겠느냐
22 그러나 그 가운데에 피하는 자가 남아
있어 끌려 나오리니 곧 자녀들이라 그
들이 너희에게로 나아오리니 너희가
그 행동과 소행을 보면 내가 예루살렘
에 내린 재앙 곧 그 내린 모든 일에 대
하여 너희가 위로를 받을 것이라
23 너희가 그 행동과 소행을 볼 때에 그
들에 의해 위로를 받고 내가 예루살
렘에서 행한 모든 일이 이유 없이 한
것이 아닌 줄을 알리라 주 여호와의
말씀이니라

22】

23】

불에 던질 땔감 같은 예루살렘 주민

15 1 여호와의 말씀이 내게 임하여 이
르시되
2 인자야 포도나무가 모든 나무보다 나
은 것이 무엇이랴 숲속의 여러 나무
가운데에 있는 그 포도나무 가지가
나은 것이 무엇이랴
3 그 나무를 가지고 무엇을 제조할 수
있겠느냐 그것으로 무슨 그릇을 걸
못을 만들 수 있겠느냐

1】

2】

3】

4 불에 던질 땔감이 될 뿐이라 불이 그
두 끝을 사르고 그 가운데도 태웠으
면 제조에 무슨 소용이 있겠느냐
5 그것이 온전할 때에도 아무 제조에
합당하지 아니하였거든 하물며 불에
살라지고 탄 후에 어찌 제조에 합당
하겠느냐
6 그러므로 주 여호와께서 이같이 말씀
하셨느니라 내가 수풀 가운데에 있는
포도나무를 불에 던질 땔감이 되게
한 것 같이 내가 예루살렘 주민도 그
같이 할지라
7 내가 그들을 대적한즉 그들이 그 불
에서 나와도 불이 그들을 사르리니
내가 그들을 대적할 때에 내가 여호
와인 줄 너희가 알리라
8 내가 그 땅을 황폐하게 하리니 이는
그들이 범법함이니라 나 주 여호와의
말이니라 하시니라

4】

5】

6】

7】

8】

가증한 예루살렘

16 1 또 여호와의 말씀이 내게 임하여
이르시되
2 인자야 예루살렘으로 그 가증한 일을
알게 하여
3 이르기를 주 여호와께서 예루살렘에
관하여 이같이 말씀하시되 네 근본과

1】

2】

3】

난 땅은 가나안이요 네 아버지는 아
모리 사람이요 네 어머니는 헷 사람
이라
4 네가 난 것을 말하건대 네가 날 때에
네 배꼽 줄을 자르지 아니하였고 너
를 물로 씻어 정결하게 하지 아니하
였고 네게 소금을 뿌리지 아니하였고
너를 강보로 싸지도 아니하였나니
5 아무도 너를 돌보아 이 중에 한 가지
라도 네게 행하여 너를 불쌍히 여긴
자가 없었으므로 네가 나던 날에 네
몸이 천하게 여겨져 네가 들에 버려
졌느니라
6 ○ 내가 네 곁으로 지나갈 때에 네가
피투성이가 되어 발짓하는 것을 보고
네게 이르기를 너는 피투성이라도 살
아 있으라 다시 이르기를 너는 피투
성이라도 살아 있으라 하고
7 내가 너를 들의 풀 같이 많게 하였더
니 네가 크게 자라고 심히 아름다우
며 유방이 뚜렷하고 네 머리털이 자
랐으나 네가 여전히 벌거벗은 알몸이
더라
8 내가 네 곁으로 지나며 보니 네 때가
사랑을 할 만한 때라 내 옷으로 너를
덮어 벌거벗은 것을 가리고 네게 맹
세하고 언약하여 너를 내게 속하게

4】

5】

6】

7】

8】

하였느니라 나 주 여호와의 말이니라
9 내가 물로 네 피를 씻어 없애고 네게
기름을 바르고
10 수 놓은 옷을 입히고 물돼지 가죽신
을 신기고 가는 베로 두르고 모시로
덧입히고
11 패물을 채우고 팔고리를 손목에 끼우
고 목걸이를 목에 걸고
12 코고리를 코에 달고 귀고리를 귀에
달고 화려한 왕관을 머리에 씌웠나니
13 이와 같이 네가 금, 은으로 장식하고
가는 베와 모시와 수 놓은 것을 입으
며 또 고운 밀가루와 꿀과 기름을 먹
음으로 극히 곱고 형통하여 왕후의
지위에 올랐느니라
14 네 화려함으로 말미암아 네 명성이
이방인 중에 퍼졌음은 내가 네게 입
힌 영화로 네 화려함이 온전함이라
나 주 여호와의 말이니라
15 ○ 그러나 네가 네 화려함을 믿고 네
명성을 가지고 행음하되 지나가는 모
든 자와 더불어 음란을 많이 행하므
로 네 몸이 그들의 것이 되도다
16 네가 네 의복을 가지고 너를 위하여
각색으로 산당을 꾸미고 거기에서
행음하였나니 이런 일은 전무후무
하니라

9】

10】

11】

12】

13】

14】

15】

16】

17 네가 또 내가 준 금, 은 장식품으로
너를 위하여 남자 우상을 만들어 행
음하며
18 또 네 수 놓은 옷을 그 우상에게 입히
고 나의 기름과 향을 그 앞에 베풀며
19 또 내가 네게 주어 먹게 한 내 음식물
곧 고운 밀가루와 기름과 꿀을 네가
그 앞에 베풀어 향기를 삼았나니 과
연 그렇게 하였느니라 주 여호와의 말
씀이니라
20 또 네가 나를 위하여 낳은 네 자녀
를 그들에게 데리고 가서 드려 제물
로 삼아 불살랐느니라 네가 네 음행
을 작은 일로 여겨서
21 나의 자녀들을 죽여 우상에게 넘겨
불 가운데로 지나가게 하였느냐
22 네가 어렸을 때에 벌거벗은 몸이었으
며 피투성이가 되어서 발짓하던 것을
기억하지 아니하고 네가 모든 가증한
일과 음란을 행하였느니라

방자한 음녀 예루살렘

23 ○ 주 여호와의 말씀이니라 너는 화
있을진저 화 있을진저 네가 모든 악
을 행한 후에
24 너를 위하여 누각을 건축하며 모든
거리에 높은 대를 쌓았도다
25 네가 높은 대를 모든 길 어귀에 쌓

17】
18】
19】
20】
21】
22】
23】
24】
25】

고 네 아름다움을 가증하게 하여 모
든 지나가는 자에게 다리를 벌려 심
히 음행하고
26 하체가 큰 네 이웃 나라 애굽 사람과
도 음행하되 심히 음란히 하여 내 진
노를 샀도다
27 그러므로 내가 내 손을 네 위에 펴서
네 일용할 양식을 감하고 너를 미워
하는 블레셋 여자 곧 네 더러운 행실
을 부끄러워하는 자에게 너를 넘겨
임의로 하게 하였거늘
28 네가 음욕이 차지 아니하여 또 앗수
르 사람과 행음하고 그들과 행음하고
도 아직도 부족하게 여겨
29 장사하는 땅 갈대아에까지 심히 행음
하되 아직도 족한 줄을 알지 못하였
느니라
30 ○ 주 여호와의 말씀이니라 네가 이
모든 일을 행하니 이는 방자한 음녀의
행위라 네 마음이 어찌 그리 약한지
31 네가 누각을 모든 길 어귀에 건축하
며 높은 대를 모든 거리에 쌓고도 값
을 싫어하니 창기 같지도 아니하도다
32 그 남편 대신에 다른 남자들과 내통
하여 간음하는 아내로다
33 사람들은 모든 창기에게 선물을 주거
늘 오직 너는 네 모든 정든 자에게 선

26】

27】

28】

29】

30】

31】

32】

33】

물을 주며 값을 주어서 사방에서 와
서 너와 행음하게 하니
34 네 음란함이 다른 여인과 같지 아니
함은 행음하려고 너를 따르는 자가
없음이며 또 네가 값을 받지 아니하
고 도리어 값을 줌이라 그런즉 다른
여인과 같지 아니하니라

예루살렘을 벌하시다

35 ○ 그러므로 너 음녀야 여호와의 말
씀을 들을지어다
36 주 여호와께서 이같이 말씀하셨느니
라 네가 네 누추한 것을 쏟으며 네 정
든 자와 행음함으로 벗은 몸을 드러
내며 또 가증한 우상을 위하며 네 자
녀의 피를 그 우상에게 드렸은즉
37 내가 너의 즐거워하는 정든 자와 사
랑하던 모든 자와 미워하던 모든 자
를 모으되 사방에서 모아 너를 대적
하게 할 것이요 또 네 벗은 몸을 그
앞에 드러내 그들이 그것을 다 보게
할 것이며
38 내가 또 간음하고 사람의 피를 흘리
는 여인을 심판함 같이 너를 심판하
여 진노의 피와 질투의 피를 네게 돌
리고
39 내가 또 너를 그들의 손에 넘기리니
그들이 네 누각을 헐며 네 높은 대를

34】

35】

36】

37】

38】

39】

부수며 네 의복을 벗기고 네 장식품을
빼앗고 네 몸을 벌거벗겨 버려 두며
40 무리를 데리고 와서 너를 돌로 치며
칼로 찌르며
41 불로 네 집들을 사르고 여러 여인의
목전에서 너를 벌할지라 내가 너에게
곧 음행을 그치게 하리니 네가 다시
는 값을 주지 아니하리라
42 그리한즉 나는 네게 대한 내 분노가
그치며 내 질투가 네게서 떠나고 마
음이 평안하여 다시는 노하지 아니하
리라
43 네가 어렸을 때를 기억하지 아니하
고 이 모든 일로 나를 분노하게 하였
은즉 내가 네 행위대로 네 머리에 보
응하리니 네가 이 음란과 네 모든 가
증한 일을 다시는 행하지 아니하리라
주 여호와의 말씀이니라

그 어머니에 그 딸

44 ○ 속담을 말하는 자마다 네게 대하
여 속담을 말하기를 어머니가 그러하
면 딸도 그러하다 하리라
45 너는 그 남편과 자녀를 싫어한 어머
니의 딸이요 너는 그 남편과 자녀를
싫어한 형의 동생이로다 네 어머니는
헷 사람이요 네 아버지는 아모리 사
람이며

40】

41】

42】

43】

44】

45】

년 월 일

46 네 형은 그 딸들과 함께 네 왼쪽에 거
주하는 사마리아요 네 아우는 그 딸
들과 함께 네 오른쪽에 거주하는 소
돔이라
47 네가 그들의 행위대로만 행하지 아니
하며 그 가증한 대로만 행하지 아니
하고 그것을 적게 여겨서 네 모든 행
위가 그보다 더욱 부패하였도다
48 주 여호와의 말씀이니라 내가 나의
삶을 두고 맹세하노니 네 아우 소돔
곧 그와 그의 딸들은 너와 네 딸들의
행위 같이 행하지 아니하였느니라
49 네 아우 소돔의 죄악은 이러하니 그
와 그의 딸들에게 교만함과 음식물의
풍족함과 태평함이 있음이며 또 그가
가난하고 궁핍한 자를 도와 주지 아
니하며
50 거만하여 가증한 일을 내 앞에서 행
하였음이라 그러므로 내가 보고 곧
그들을 없이 하였느니라
51 사마리아는 네 죄의 절반도 범하지
아니하였느니라 네가 그들보다 가증
한 일을 심히 행하였으므로 네 모든
가증한 행위로 네 형과 아우를 의롭
게 하였느니라
52 네가 네 형과 아우를 유리하게 판단
하였은즉 너도 네 수치를 담당할지니

46】

47】

48】

49】

50】

51】

52】

라 네가 그들보다 더욱 가증한 죄를
범하므로 그들이 너보다 의롭게 되었
나니 네가 네 형과 아우를 의롭게 하
였은즉 너는 놀라며 네 수치를 담당
할지니라

소돔과 사마리아도 회복되리라

53 ○ 내가 그들의 사로잡힘 곧 소돔과
그의 딸들의 사로잡힘과 사마리아와
그의 딸들의 사로잡힘과 그들 중에
너의 사로잡힌 자의 사로잡힘을 풀어
주어
54 네가 네 수욕을 담당하고 네가 행한
모든 일로 말미암아 부끄럽게 하리니
이는 네가 그들에게 위로가 됨이라
55 네 아우 소돔과 그의 딸들이 옛 지위
를 회복할 것이요 사마리아와 그의
딸들도 그의 옛 지위를 회복할 것이
며 너와 네 딸들도 너희 옛 지위를 회
복할 것이니라
56 네가 교만하던 때에 네 아우 소돔을
네 입으로 말하지도 아니하였나니
57 곧 네 악이 드러나기 전이며 아람의
딸들이 너를 능욕하기 전이며 너의
사방에 둘러 있는 블레셋의 딸들이
너를 멸시하기 전이니라
58 네 음란과 네 가증한 일을 네가 담당
하였느니라 나 여호와의 말이니라

53】

54】

55】

56】

57】

58】

59 나 주 여호와가 이같이 말하노라 네가
맹세를 멸시하여 언약을 배반하였은
즉 내가 네 행한 대로 네게 행하리라

59】

영원한 언약

60 ○ 그러나 내가 너의 어렸을 때에 너
와 세운 언약을 기억하고 너와 영원
한 언약을 세우리라

60】

61 네가 네 형과 아우를 접대할 때에 네
행위를 기억하고 부끄러워할 것이라
내가 그들을 네게 딸로 주려니와 네
언약으로 말미암음이 아니니라

61】

62 내가 네게 내 언약을 세워 내가 여호
와인 줄 네가 알게 하리니

62】

63 이는 내가 네 모든 행한 일을 용서한
후에 네가 기억하고 놀라고 부끄러워
서 다시는 입을 열지 못하게 하려 함
이니라 주 여호와의 말씀이니라

63】

독수리와 포도나무의 비유

17 1 여호와의 말씀이 내게 임하여 이
르시되

1】

2 인자야 너는 이스라엘 족속에게 수수
께끼와 비유를 말하라

2】

3 여호와께서 이같이 말씀하여 이르시
되 색깔이 화려하고 날개가 크고 깃
이 길고 털이 숱한 큰 독수리가 레바
논에 이르러 백향목 높은 가지를 꺾되

3】

4 그 연한 가지 끝을 꺾어 가지고 장사
하는 땅에 이르러 상인의 성읍에 두고
5 또 그 땅의 종자를 꺾어 옥토에 심되
수양버들 가지처럼 큰 물 가에 심더니
6 그것이 자라며 퍼져서 높지 아니한
포도나무 곧 굵은 가지와 가는 가지
가 난 포도나무가 되어 그 가지는 독
수리를 향하였고 그 뿌리는 독수리
아래에 있었더라
7 ○ 또 날개가 크고 털이 많은 큰 독
수리 하나가 있었는데 그 포도나무
가 이 독수리에게 물을 받으려고 그
심어진 두둑에서 그를 향하여 뿌리가
뻗고 가지가 퍼졌도다
8 그 포도나무를 큰 물 가 옥토에 심은
것은 가지를 내고 열매를 맺어서 아
름다운 포도나무를 이루게 하려 하였
음이라
9 너는 이르기를 주 여호와의 말씀에
그 나무가 능히 번성하겠느냐 이 독
수리가 어찌 그 뿌리를 빼고 열매를
따며 그 나무가 시들게 하지 아니하
겠으며 그 연한 잎사귀가 마르게 하
지 아니하겠느냐 많은 백성이나 강한
팔이 아니라도 그 뿌리를 뽑으리라
10 볼지어다 그것이 심어졌으나 번성하
겠느냐 동풍에 부딪힐 때에 아주 마

4】

5】

6】

7】

8】

9】

10】

르지 아니하겠느냐 그 자라던 두둑에
서 마르리라 하셨다 하라

비유의 해석

11 ○ 여호와의 말씀이 또 내게 임하여
이르시되
12 너는 반역하는 족속에게 묻기를 너희
가 이 비유를 깨닫지 못하겠느냐 하
고 그들에게 말하기를 바벨론 왕이
예루살렘에 이르러 왕과 고관을 사로
잡아 바벨론 자기에게로 끌어 가고
13 그 왕족 중에서 하나를 택하여 언약
을 세우고 그에게 맹세하게 하고 또
그 땅의 능한 자들을 옮겨 갔나니
14 이는 나라를 낮추어 스스로 서지 못
하고 그 언약을 지켜야 능히 서게 하
려 하였음이거늘
15 그가 사절을 애굽에 보내 말과 군대
를 구함으로 바벨론 왕을 배반하였으
니 형통하겠느냐 이런 일을 행한 자
가 피하겠느냐 언약을 배반하고야 피
하겠느냐
16 주 여호와의 말씀이니라 내가 나의
삶을 두고 맹세하노니 바벨론 왕이
그를 왕으로 세웠거늘 그가 맹세를
저버리고 언약을 배반하였은즉 그 왕
이 거주하는 곳 바벨론에서 왕과 함
께 있다가 죽을 것이라

11】

12】

13】

14】

15】

16】

17 대적이 토성을 쌓고 사다리를 세우고
많은 사람을 멸절하려 할 때에 바로
가 그 큰 군대와 많은 무리로도 그 전
쟁에 그를 도와 주지 못하리라
18 그가 이미 손을 내밀어 언약하였거늘
맹세를 업신여겨 언약을 배반하고 이
모든 일을 행하였으니 피하지 못하
리라
19 그러므로 주 여호와의 말씀이니라 내
가 나의 삶을 두고 맹세하노니 그가
내 맹세를 업신여기고 내 언약을 배
반하였은즉 내가 그 죄를 그 머리에
돌리되
20 그 위에 내 그물을 치며 내 올무에 걸
리게 하여 끌고 바벨론으로 가서 나
를 반역한 그 반역을 거기에서 심판
할지며
21 그 모든 군대에서 도망한 자들은 다
칼에 엎드러질 것이요 그 남은 자는
사방으로 흩어지리니 나 여호와가 이
것을 말한 줄을 너희가 알리라

높은 나무를 낮추고

22 ○ 주 여호와께서 이같이 말씀하시되
내가 백향목 꼭대기에서 높은 가지를
꺾어다가 심으리라 내가 그 높은 새
가지 끝에서 연한 가지를 꺾어 높고
우뚝 솟은 산에 심되

17】

18】

19】

20】

21】

22】

23 이스라엘 높은 산에 심으리니 그 가지
가 무성하고 열매를 맺어서 아름다운
백향목이 될 것이요 각종 새가 그 아
래에 깃들이며 그 가지 그늘에 살리라
24 들의 모든 나무가 나 여호와는 높은
나무를 낮추고 낮은 나무를 높이며
푸른 나무를 말리고 마른 나무를 무
성하게 하는 줄 알리라 나 여호와는
말하고 이루느니라 하라

23】

24】

아버지의 죄악과 아들의 의

18 1 또 여호와의 말씀이 내게 임하여
이르시되
2 너희가 이스라엘 땅에 관한 속담에
이르기를 아버지가 신 포도를 먹었으
므로 그의 아들의 이가 시다고 함은
어찌 됨이냐
3 주 여호와의 말씀이니라 내가 나의
삶을 두고 맹세하노니 너희가 이스라
엘 가운데에서 다시는 이 속담을 쓰
지 못하게 되리라
4 모든 영혼이 다 내게 속한지라 아버
지의 영혼이 내게 속함 같이 그의 아
들의 영혼도 내게 속하였나니 범죄하
는 그 영혼은 죽으리라
5 ○ 사람이 만일 의로워서 정의와 공
의를 따라 행하며

1】

2】

3】

4】

5】

6 산 위에서 제물을 먹지 아니하며 이
스라엘 족속의 우상에게 눈을 들지
아니하며 이웃의 아내를 더럽히지 아
니하며 월경 중에 있는 여인을 가까
이 하지 아니하며
7 사람을 학대하지 아니하며 빚진 자의
저당물을 돌려 주며 강탈하지 아니하
며 주린 자에게 음식물을 주며 벗은
자에게 옷을 입히며
8 변리를 위하여 꾸어 주지 아니하며
이자를 받지 아니하며 스스로 손을
금하여 죄를 짓지 아니하며 사람과
사람 사이에 진실하게 판단하며
9 내 율례를 따르며 내 규례를 지켜 진
실하게 행할진대 그는 의인이니 반드
시 살리라 주 여호와의 말씀이니라
10 ○ 가령 그가 아들을 낳았다 하자 그
아들이 이 모든 선은 하나도 행하지
아니하고 이 죄악 중 하나를 범하여
강포하거나 살인하거나
11 산 위에서 제물을 먹거나 이웃의 아
내를 더럽히거나
12 가난하고 궁핍한 자를 학대하거나 강
탈하거나 빚진 자의 저당물을 돌려
주지 아니하거나 우상에게 눈을 들거
나 가증한 일을 행하거나
13 변리를 위하여 꾸어 주거나 이자를

6】

7】

8】

9】

10】

11】

12】

13】

받거나 할진대 그가 살겠느냐 결코
살지 못하리니 이 모든 가증한 일을
행하였은즉 반드시 죽을지라 자기의
피가 자기에게로 돌아가리라
14 ○ 또 가령 그가 아들을 낳았다 하자 14】
그 아들이 그 아버지가 행한 모든 죄
를 보고 두려워하여 그대로 행하지
아니하고
15 산 위에서 제물을 먹지도 아니하며 15】
이스라엘 족속의 우상에게 눈을 들지
도 아니하며 이웃의 아내를 더럽히지
도 아니하며
16 사람을 학대하지도 아니하며 저당을 16】
잡지도 아니하며 강탈하지도 아니하
고 주린 자에게 음식물을 주며 벗은
자에게 옷을 입히며
17 손을 금하여 가난한 자를 압제하지 17】
아니하며 변리나 이자를 받지 아니하
여 내 규례를 지키며 내 율례를 행할
진대 이 사람은 그의 아버지의 죄악
으로 죽지 아니하고 반드시 살겠고
18 그의 아버지는 심히 포학하여 그 동 18】
족을 강탈하고 백성들 중에서 선을
행하지 아니하였으므로 그는 그의 죄
악으로 죽으리라
19 ○ 그런데 너희는 이르기를 아들이 19】
어찌 아버지의 죄를 담당하지 아니하

겠느냐 하는도다 아들이 정의와 공의
를 행하며 내 모든 율례를 지켜 행하
였으면 그는 반드시 살려니와
20 범죄하는 그 영혼은 죽을지라 아들은
아버지의 죄악을 담당하지 아니할 것
이요 아버지는 아들의 죄악을 담당하
지 아니하리니 의인의 공의도 자기에
게로 돌아가고 악인의 악도 자기에게
로 돌아가리라
21 ○ 그러나 악인이 만일 그가 행한 모
든 죄에서 돌이켜 떠나 내 모든 율례
를 지키고 정의와 공의를 행하면 반
드시 살고 죽지 아니할 것이라
22 그 범죄한 것이 하나도 기억함이 되
지 아니하리니 그가 행한 공의로 살
리라
23 주 여호와의 말씀이니라 내가 어찌
악인이 죽는 것을 조금인들 기뻐하랴
그가 돌이켜 그 길에서 떠나 사는 것
을 어찌 기뻐하지 아니하겠느냐
24 만일 의인이 돌이켜 그 공의에서 떠
나 범죄하고 악인이 행하는 모든 가
증한 일대로 행하면 살겠느냐 그가
행한 공의로운 일은 하나도 기억함이
되지 아니하리니 그가 그 범한 허물
과 그 지은 죄로 죽으리라
25 ○ 그런데 너희는 이르기를 주의 길

20】
21】
22】
23】
24】
25】

이 공평하지 아니하다 하는도다 이스
라엘 족속아 들을지어다 내 길이 어
찌 공평하지 아니하냐 너희 길이 공
평하지 아니한 것이 아니냐
26 만일 의인이 그 공의를 떠나 죄악을
행하고 그로 말미암아 죽으면 그 행
한 죄악으로 말미암아 죽는 것이요
27 만일 악인이 그 행한 악을 떠나 정의
와 공의를 행하면 그 영혼을 보전하
리라
28 그가 스스로 헤아리고 그 행한 모든
죄악에서 돌이켜 떠났으니 반드시 살
고 죽지 아니하리라
29 그런데 이스라엘 족속은 이르기를 주
의 길이 공평하지 아니하다 하는도다
이스라엘 족속아 나의 길이 어찌 공
평하지 아니하냐 너희 길이 공평하지
아니한 것 아니냐
30 주 여호와의 말씀이니라 이스라엘 족
속아 내가 너희 각 사람이 행한 대로
심판할지라 너희는 돌이켜 회개하고
모든 죄에서 떠날지어다 그리한즉 그
것이 너희에게 죄악의 걸림돌이 되지
아니하리라
31 너희는 너희가 범한 모든 죄악을 버
리고 마음과 영을 새롭게 할지어다
이스라엘 족속아 너희가 어찌하여 죽

26】
27】
28】
29】
30】
31】

고자 하느냐
32 주 여호와의 말씀이니라 죽을 자가
죽는 것도 내가 기뻐하지 아니하노니
너희는 스스로 돌이키고 살지니라

32】

애가

19 1 너는 이스라엘 고관들을 위하여
애가를 지어
2 부르라 네 어머니는 무엇이냐 암사자
라 그가 사자들 가운데에 엎드려 젊
은 사자 중에서 그 새끼를 기르는데
3 그 새끼 하나를 키우매 젊은 사자가
되어 먹이 물어뜯기를 배워 사람을
삼키매
4 이방이 듣고 함정으로 그를 잡아 갈고
리로 꿰어 끌고 애굽 땅으로 간지라
5 암사자가 기다리다가 소망이 끊어진
줄을 알고 그 새끼 하나를 또 골라 젊
은 사자로 키웠더니
6 젊은 사자가 되매 여러 사자 가운데
에 왕래하며 먹이 물어뜯기를 배워
사람을 삼키며
7 그의 궁궐들을 헐고 성읍들을 부수니
그 우는 소리로 말미암아 땅과 그 안
에 가득한 것이 황폐한지라
8 이방이 포위하고 있는 지방에서 그를
치러 와서 그의 위에 그물을 치고 함

1】
2】
3】
4】
5】
6】
7】
8】

정에 잡아
9 우리에 넣고 갈고리를 꿰어 끌고 바
벨론 왕에게 이르렀나니 그를 옥에
가두어 그 소리가 다시 이스라엘 산
에 들리지 아니하게 하려 함이라
10 ○ 네 피의 어머니는 물 가에 심겨진
포도나무 같아서 물이 많으므로 열매
가 많고 가지가 무성하며
11 그 가지들은 강하여 권세 잡은 자의
규가 될 만한데 그 하나의 키가 굵은
가지 가운데에서 높았으며 많은 가지
가운데에서 뛰어나 보이다가
12 분노 중에 뽑혀서 땅에 던짐을 당하
매 그 열매는 동풍에 마르고 그 강한
가지들은 꺾이고 말라 불에 탔더니
13 이제는 광야, 메마르고 가물이 든 땅
에 심어진 바 되고
14 불이 그 가지 중 하나에서부터 나와
그 열매를 태우니 권세 잡은 자의 규
가 될 만한 강한 가지가 없도다 하라
이것이 애가라 후에도 애가가 되리라

9】
10】
11】
12】
13】
14】

하나님의 뜻, 이스라엘의 반역

20 1 일곱째 해 다섯째 달 열째 날에 이
스라엘 장로 여러 사람이 여호와
께 물으려고 와서 내 앞에 앉으니
2 여호와의 말씀이 내게 임하여 이르시되

1】
2】

3 인자야 이스라엘 장로들에게 말하여
이르라 주 여호와께서 이렇게 말씀하
셨느니라 너희가 내게 물으려고 왔느
냐 내가 나의 목숨을 걸고 맹세하거니
와 너희가 내게 묻기를 내가 용납하지
아니하리라 주 여호와의 말씀이니라
4 인자야 네가 그들을 심판하려느냐 네
가 그들을 심판하려느냐 너는 그들에
게 그들의 조상들의 가증한 일을 알
게 하여
5 이르라 주 여호와께서 이같이 말씀하
셨느니라 옛날에 내가 이스라엘을 택
하고 야곱 집의 후예를 향하여 내 손
을 들어 맹세하고 애굽 땅에서 그들
에게 나타나 맹세하여 이르기를 나는
여호와 너희 하나님이라 하였노라
6 그 날에 내가 내 손을 들어 그들에게
맹세하기를 애굽 땅에서 인도하여 내
어 그들을 위하여 찾아 두었던 땅 곧
젖과 꿀이 흐르는 땅이요 모든 땅 중
의 아름다운 곳에 이르게 하리라 하고
7 또 그들에게 이르기를 너희는 눈을
끄는 바 가증한 것을 각기 버리고 애
굽의 우상들로 말미암아 스스로 더럽
히지 말라 나는 여호와 너희 하나님
이니라 하였으나
8 그들이 내게 반역하여 내 말을 즐겨

3】

4】

5】

6】

7】

8】

듣지 아니하고 그들의 눈을 끄는 바
가증한 것을 각기 버리지 아니하며
애굽의 우상들을 떠나지 아니하므로
내가 말하기를 내가 애굽 땅에서 그
들에게 나의 분노를 쏟으며 그들에게
진노를 이루리라 하였노라
9 그러나 내가 그들이 거주하는 이방인
의 눈 앞에서 그들에게 나타나 그들
을 애굽 땅에서 인도하여 내었나니
이는 내 이름을 위함이라 내 이름을
그 이방인의 눈 앞에서 더럽히지 아
니하려고 행하였음이라
10 ○ 그러므로 내가 그들을 애굽 땅에
서 나와서 광야에 이르게 하고
11 사람이 준행하면 그로 말미암아 삶을
얻을 내 율례를 주며 내 규례를 알게
하였고
12 또 내가 그들을 거룩하게 하는 여호
와인 줄 알게 하려고 내 안식일을 주
어 그들과 나 사이에 표징을 삼았노라
13 그러나 이스라엘 족속이 광야에서 내
게 반역하여 사람이 준행하면 그로 말
미암아 삶을 얻을 나의 율례를 준행하
지 아니하며 나의 규례를 멸시하였고
나의 안식일을 크게 더럽혔으므로 내
가 이르기를 내가 내 분노를 광야에
서 그들에게 쏟아 멸하리라 하였으나

9】
10】
11】
12】
13】

14 내가 내 이름을 위하여 달리 행하였
었나니 내가 그들을 인도하여 내는
것을 본 나라들 앞에서 내 이름을 더
럽히지 아니하려 하였음이로라
15 또 내가 내 손을 들어 광야에서 그들
에게 맹세하기를 내가 그들에게 허락
한 땅 곧 젖과 꿀이 흐르는 땅이요 모
든 땅 중의 아름다운 곳으로 그들을
인도하여 들이지 아니하리라 한 것은
16 그들이 마음으로 우상을 따라 나의
규례를 업신여기며 나의 율례를 행하
지 아니하며 나의 안식일을 더럽혔음
이라
17 그러나 내가 그들을 아껴서 광야에서
멸하여 아주 없이하지 아니하였었노라
18 ○ 내가 광야에서 그들의 자손에게 이
르기를 너희 조상들의 율례를 따르지
말며 그 규례를 지키지 말며 그 우상
들로 말미암아 스스로 더럽히지 말라
19 나는 여호와 너희 하나님이라 너희는
나의 율례를 따르며 나의 규례를 지
켜 행하고
20 또 나의 안식일을 거룩하게 할지어다
이것이 나와 너희 사이에 표징이 되
어 내가 여호와 너희 하나님인 줄을
너희가 알게 하리라 하였노라
21 그러나 그들의 자손이 내게 반역하여

14】

15】

16】

17】

18】

19】

20】

21】

사람이 지켜 행하면 그로 말미암아 삶
을 얻을 나의 율례를 따르지 아니하며
나의 규례를 지켜 행하지 아니하였고
나의 안식일을 더럽힌지라 이에 내가
이르기를 내가 광야에서 그들에게 내
분노를 쏟으며 그들에게 내 진노를 이
루리라 하였으나
22 내가 내 이름을 위하여 내 손을 막아
달리 행하였나니 내가 그들을 인도하
여 내는 것을 본 여러 나라 앞에서 내
이름을 더럽히지 아니하려 하였음이
로라
23 또 내가 내 손을 들어 광야에서 그들
에게 맹세하기를 내가 그들을 이방인
중에 흩으며 여러 민족 가운데에 헤
치리라 하였나니
24 이는 그들이 나의 규례를 행하지 아
니하며 나의 율례를 멸시하며 내 안
식일을 더럽히고 눈으로 그들의 조상
들의 우상들을 사모함이며
25 또 내가 그들에게 선하지 못한 율례
와 능히 지키지 못할 규례를 주었고
26 그들이 장자를 다 화제로 드리는 그
예물로 내가 그들을 더럽혔음은 그들
을 멸망하게 하여 나를 여호와인 줄
알게 하려 하였음이라
27 ○ 그런즉 인자야 이스라엘 족속에게

22】

23】

24】

25】

26】

27】

말하여 이르라 주 여호와께서 이같이
말씀하셨느니라 너희 조상들이 또 내
게 범죄하여 나를 욕되게 하였느니라
28 내가 내 손을 들어 그들에게 주기로 맹
세한 땅으로 그들을 인도하여 들였더
니 그들이 모든 높은 산과 모든 무성한
나무를 보고 거기에서 제사를 드리고
분노하게 하는 제물을 올리며 거기서
또 분향하고 전제물을 부어 드린지라
29 이에 내가 그들에게 이르기를 너희가
다니는 산당이 무엇이냐 하였노라(그
것을 오늘날까지 바마라 일컫느니라)
30 그러므로 너는 이스라엘 족속에게 이
르라 주 여호와께서 이같이 말씀하셨
느니라 너희가 조상들의 풍속을 따라
너희 자신을 더럽히며 그 모든 가증
한 것을 따라 행음하느냐
31 너희가 또 너희 아들을 화제로 삼아
불 가운데로 지나게 하며 오늘까지 너
희 자신을 우상들로 말미암아 더럽히
느냐 이스라엘 족속아 너희가 내게 묻
기를 내가 용납하겠느냐 주 여호와의
말씀이니라 내가 나의 삶을 두고 맹세
하노니 너희가 내게 묻기를 내가 용납
하지 아니하리라
32 너희가 스스로 이르기를 우리가 이방
인 곧 여러 나라 족속 같이 되어서 목

28】

29】

30】

31】

32】

석을 경배하리라 하거니와 너희 마음
에 품은 것을 결코 이루지 못하리라

맹세한 땅으로 이스라엘을 인도하리라

33 ○ 주 여호와의 말씀이니라 내가 나
의 삶을 두고 맹세하노니 내가 능한
손과 편 팔로 분노를 쏟아 너희를 반
드시 다스릴지라
34 능한 손과 편 팔로 분노를 쏟아 너희
를 여러 나라에서 나오게 하며 너희
의 흩어진 여러 지방에서 모아내고
35 너희를 인도하여 여러 나라 광야에
이르러 거기에서 너희를 대면하여 심
판하되
36 내가 애굽 땅 광야에서 너희 조상들
을 심판한 것 같이 너희를 심판하리
라 주 여호와의 말씀이니라
37 내가 너희를 막대기 아래로 지나가게
하며 언약의 줄로 매려니와
38 너희 가운데에서 반역하는 자와 내게
범죄하는 자를 모두 제하여 버릴지라
그들을 그 머물러 살던 땅에서는 나
오게 하여도 이스라엘 땅에는 들어가
지 못하게 하리니 너희가 나는 여호
와인 줄을 알리라
39 주 여호와께서 이같이 말씀하셨느니
라 이스라엘 족속아 너희가 내 말을
듣지 아니하려거든 가서 각각 그 우

33】

34】

35】

36】

37】

38】

39】

상을 섬기라 그렇게 하려거든 이 후
에 다시는 너희 예물과 너희 우상들로
내 거룩한 이름을 더럽히지 말지니라
40 ○ 주 여호와의 말씀이니라 이스라
엘 온 족속이 그 땅에 있어서 내 거룩
한 산 곧 이스라엘의 높은 산에서 다
나를 섬기리니 거기에서 내가 그들을
기쁘게 받을지라 거기에서 너희 예물
과 너희가 드리는 첫 열매와 너희 모
든 성물을 요구하리라
41 내가 너희를 인도하여 여러 나라 가운
데에서 나오게 하고 너희가 흩어진 여
러 민족 가운데에서 모아 낼 때에 내
가 너희를 향기로 받고 내가 또 너희
로 말미암아 내 거룩함을 여러 나라의
목전에서 나타낼 것이며
42 내가 내 손을 들어 너희 조상들에게
주기로 맹세한 땅 곧 이스라엘 땅으
로 너희를 인도하여 들일 때에 너희
는 내가 여호와인 줄 알고
43 거기에서 너희의 길과 스스로 더럽힌
모든 행위를 기억하고 이미 행한 모든
악으로 말미암아 스스로 미워하리라
44 이스라엘 족속아 내가 너희의 악한
길과 더러운 행위대로 하지 아니하고
내 이름을 위하여 행한 후에야 내가
여호와인 줄 너희가 알리라 주 여호

40】

41】

42】

43】

44】

와의 말씀이니라

불타는 숲의 비유

45 ○ 여호와의 말씀이 또 내게 임하여
이르시되
46 인자야 너는 얼굴을 남으로 향하라
남으로 향하여 소리내어 남쪽의 숲을
쳐서 예언하라
47 남쪽의 숲에게 이르기를 여호와의 말
씀을 들을지어다 주 여호와께서 이같
이 말씀하셨느니라 내가 너의 가운데
에 불을 일으켜 모든 푸른 나무와 모
든 마른 나무를 없애리니 맹렬한 불
꽃이 꺼지지 아니하고 남에서 북까지
모든 얼굴이 그슬릴지라
48 혈기 있는 모든 자는 나 여호와가 그
불을 일으킨 줄을 알리니 그것이 꺼지
지 아니하리라 하셨다 하라 하시기로
49 내가 이르되 아하 주 여호와여 그들
이 나를 가리켜 말하기를 그는 비유
로 말하는 자가 아니냐 하나이다 하
니라

45】
46】
47】
48】
49】

여호와의 칼

21

1 또 여호와의 말씀이 내게 임하여
이르시되
2 인자야 너는 얼굴을 예루살렘으로 향
하며 성소를 향하여 소리내어 이스라

1】
2】

엘 땅에게 예언하라
3 이스라엘 땅에게 이르기를 여호와의
말씀에 내가 너를 대적하여 내 칼을
칼집에서 빼어 의인과 악인을 네게서
끊을지라
4 내가 의인과 악인을 네게서 끊을 터
이므로 내 칼을 칼집에서 빼어 모든
육체를 남에서 북까지 치리니
5 모든 육체는 나 여호와가 내 칼을 칼
집에서 빼낸 줄을 알지라 칼이 다시
꽂히지 아니하리라 하셨다 하라
6 인자야 탄식하되 너는 허리가 끊어
지듯 탄식하라 그들의 목전에서 슬피
탄식하라
7 그들이 네게 묻기를 네가 어찌하여 탄
식하느냐 하거든 대답하기를 재앙이
다가온다는 소문 때문이니 각 마음이
녹으며 모든 손이 약하여지며 각 영
이 쇠하며 모든 무릎이 물과 같이 약
해지리라 보라 재앙이 오나니 반드시
이루어지리라 주 여호와의 말씀이니
라 하라
8 ○ 여호와의 말씀이 또 내게 임하여
이르시되
9 인자야 너는 예언하여 여호와의 말씀
을 이같이 말하라 칼이여 칼이여 날
카롭고도 빛나도다

3】

4】

5】

6】

7】

8】

9】

년 월 일

10 그 칼이 날카로움은 죽임을 위함이요
빛남은 번개 같이 되기 위함이니 우
리가 즐거워하겠느냐 내 아들의 규가
모든 나무를 업신여기는도다
11 그 칼을 손에 잡아 쓸 만하도록 빛나
게 하되 죽이는 자의 손에 넘기기 위
하여 날카롭고도 빛나게 하였도다 하
셨다 하라
12 인자야 너는 부르짖어 슬피 울지어다
이것이 내 백성에게 임하며 이스라엘
모든 고관에게 임함이로다 그들과 내
백성이 함께 칼에 넘긴 바 되었으니
너는 네 넓적다리를 칠지어다
13 이것이 시험이라 만일 업신여기는 규
가 없어지면 어찌할까 주 여호와의
말씀이니라
14 그러므로 인자야 너는 예언하며 손뼉
을 쳐서 칼로 두세 번 거듭 쓰이게 하
라 이 칼은 죽이는 칼이라 사람들을
둘러싸고 죽이는 큰 칼이로다
15 내가 그들이 낙담하여 많이 엎드러지
게 하려고 그 모든 성문을 향하여 번
쩍번쩍하는 칼을 세워 놓았도다 오호
라 그 칼이 번개 같고 죽이기 위하여
날카로웠도다
16 칼아 모이라 오른쪽을 치라 대열을
맞추라 왼쪽을 치라 향한 대로 가라

10】

11】

12】

13】

14】

15】

16】

17 나도 내 손뼉을 치며 내 분노를 다 풀
리로다 나 여호와가 말하였노라
18 여호와의 말씀이 내게 임하여 이르
시되
19 인자야 너는 바벨론 왕의 칼이 올 두
길을 한 땅에서 나오도록 그리되 곧
성으로 들어가는 길 어귀에다가 길이
나뉘는 지시표를 하여
20 칼이 암몬 족속의 랍바에 이르는 길
과 유다의 견고한 성 예루살렘에 이
르는 길을 그리라
21 바벨론 왕이 갈랫길 곧 두 길 어귀에
서서 점을 치되 화살들을 흔들어 우
상에게 묻고 희생제물의 간을 살펴서
22 오른손에 예루살렘으로 갈 점괘를 얻
었으므로 공성퇴를 설치하며 입을 벌
리고 죽이며 소리를 높여 외치며 성
문을 향하여 공성퇴를 설치하고 토성
을 쌓고 사다리를 세우게 되었나니
23 전에 그들에게 맹약한 자들은 그것을
거짓 점괘로 여길 것이나 바벨론 왕
은 그 죄악을 기억하고 그 무리를 잡
으리라
24 ○ 그러므로 주 여호와께서 이같이 말
씀하셨느니라 너희의 악이 기억을 되
살리며 너희의 허물이 드러나며 너희
모든 행위의 죄가 나타났도다 너희가

17】
18】
19】
20】
21】
22】
23】
24】

기억한 바 되었은즉 그 손에 잡히리라
25 너 극악하여 중상을 당할 이스라엘
왕아 네 날이 이르렀나니 곧 죄악의
마지막 때이니라
26 주 여호와께서 이같이 말씀하셨느니
라 관을 제거하며 왕관을 벗길지라
그대로 두지 못하리니 낮은 자를 높
이고 높은 자를 낮출 것이니라
27 내가 엎드러뜨리고 엎드러뜨리고 엎
드러뜨리려니와 이것도 다시 있지 못
하리라 마땅히 얻을 자가 이르면 그
에게 주리라
28 ○ 인자야 너는 주 여호와께서 암몬
족속과 그의 능욕에 대하여 이같이
말씀하셨다고 예언하라 너는 이르기
를 칼이 뽑히도다 칼이 뽑히도다 죽
이며 멸절하며 번개 같이 되기 위하
여 빛났도다
29 네게 대하여 허무한 것을 보며 네게
대하여 거짓 복술을 하는 자가 너를
중상 당한 악인의 목 위에 두리니 이
는 그의 날 곧 죄악의 마지막 때가 이
름이로다
30 그러나 칼을 그 칼집에 꽂을지어다
네가 지음을 받은 곳에서, 네가 출생
한 땅에서 내가 너를 심판하리로다
31 내가 내 분노를 네게 쏟으며 내 진노

25】

26】

27】

28】

29】

30】

31】

의 불을 네게 내뿜고 너를 짐승 같은
자 곧 멸하기에 익숙한 자의 손에 넘
기리로다
32 네가 불에 섶과 같이 될 것이며 네 피
가 나라 가운데에 있을 것이며 네가
다시 기억되지 못할 것이니 나 여호
와가 말하였음이라 하라

32】

벌 받을 예루살렘

22 1 또 여호와의 말씀이 내게 임하여
이르시되
2 인자야 네가 심판하려느냐 이 피흘린
성읍을 심판하려느냐 그리하려거든
자기의 모든 가증한 일을 그들이 알
게 하라
3 너는 말하라 주 여호와께서 이같이 말
씀하셨느니라 자기 가운데에 피를 흘
려 벌 받을 때가 이르게 하며 우상을
만들어 스스로 더럽히는 성아
4 네가 흘린 피로 말미암아 죄가 있고
네가 만든 우상으로 말미암아 스스로
더럽혔으니 네 날이 가까웠고 네 연한
이 찼도다 그러므로 내가 너로 이방의
능욕을 받으며 만국의 조롱 거리가 되
게 하였노라
5 너 이름이 더럽고 어지러움이 많은 자
여 가까운 자나 먼 자나 다 너를 조롱

1】

2】

3】

4】

5】

하리라
6 ○ 이스라엘 모든 고관은 각기 권세
대로 피를 흘리려고 네 가운데에 있
었도다
7 그들이 네 가운데에서 부모를 업신여
겼으며 네 가운데에서 나그네를 학대
하였으며 네 가운데에서 고아와 과부
를 해하였도다
8 너는 나의 성물들을 업신여겼으며 나
의 안식일을 더럽혔으며
9 네 가운데에 피를 흘리려고 이간을 붙
이는 자도 있었으며 네 가운데에 산
위에서 제물을 먹는 자도 있었으며 네
가운데에 음행하는 자도 있었으며
10 네 가운데에 자기 아버지의 하체를
드러내는 자도 있었으며 네 가운데에
월경하는 부정한 여인과 관계하는 자
도 있었으며
11 어떤 사람은 그 이웃의 아내와 가증
한 일을 행하였으며 어떤 사람은 그
의 며느리를 더럽혀 음행하였으며 네
가운데에 어떤 사람은 그 자매 곧 아
버지의 딸과 관계하였으며
12 네 가운데에 피를 흘리려고 뇌물을
받는 자도 있었으며 네가 변돈과 이
자를 받았으며 이익을 탐하여 이웃을
속여 빼앗았으며 나를 잊어버렸도다

6】

7】

8】

9】

10】

11】

12】

주 여호와의 말씀이니라
13 ○ 네가 불의를 행하여 이익을 얻은
일과 네 가운데에 피 흘린 일로 말미
암아 내가 손뼉을 쳤나니
14 내가 네게 보응하는 날에 네 마음이
견디겠느냐 네 손이 힘이 있겠느냐 나
여호와가 말하였으니 내가 이루리라
15 내가 너를 뭇 나라 가운데에 흩으며
각 나라에 헤치고 너의 더러운 것을
네 가운데에서 멸하리라
16 네가 자신 때문에 나라들의 목전에서
수치를 당하리니 내가 여호와인 줄
알리라 하셨다 하라

풀무 불에 들어간 이스라엘

17 ○ 여호와의 말씀이 내게 임하여 이
르시되
18 인자야 이스라엘 족속이 내게 찌꺼기
가 되었나니 곧 풀무 불 가운데에 있
는 놋이나 주석이나 쇠나 납이며 은
의 찌꺼기로다
19 그러므로 주 여호와께서 이와 같이
말씀하셨느니라 너희가 다 찌꺼기가
되었은즉 내가 너희를 예루살렘 가운
데로 모으고
20 사람이 은이나 놋이나 쇠나 납이나
주석이나 모아서 풀무 불 속에 넣고
불을 불어 녹이는 것 같이 내가 노여

13】

14】

15】

16】

17】

18】

19】

20】

움과 분으로 너희를 모아 거기에 두
고 녹이리라
21 내가 너희를 모으고 내 분노의 불을
너희에게 불면 너희가 그 가운데에서
녹되
22 은이 풀무 불 가운데에서 녹는 것 같
이 너희가 그 가운데에서 녹으리니
나 여호와가 분노를 너희 위에 쏟은
줄을 너희가 알리라

선지자 제사장 고관들의 죄

23 ○ 여호와의 말씀이 내게 임하여 이
르시되
24 인자야 너는 그에게 이르기를 너는
정결함을 얻지 못한 땅이요 진노의
날에 비를 얻지 못한 땅이로다 하라
25 그 가운데에서 선지자들의 반역함이
우는 사자가 음식물을 움킴 같았도다
그들이 사람의 영혼을 삼켰으며 재산
과 보물을 탈취하며 과부를 그 가운
데에 많게 하였으며
26 그 제사장들은 내 율법을 범하였으며
나의 성물을 더럽혔으며 거룩함과 속
된 것을 구별하지 아니하였으며 부정
함과 정한 것을 사람이 구별하게 하
지 아니하였으며 그의 눈을 가리어
나의 안식일을 보지 아니하였으므로
내가 그들 가운데에서 더럽힘을 받았

21】
22】
23】
24】
25】
26】

느니라

27 그 가운데에 그 고관들은 음식물을
삼키는 이리 같아서 불의한 이익을
얻으려고 피를 흘려 영혼을 멸하거늘
28 그 선지자들이 그들을 위하여 회를
칠하고 스스로 허탄한 이상을 보며
거짓 복술을 행하며 여호와가 말하지
아니하였어도 주 여호와께서 이같이
말씀하셨느니라 하였으며
29 이 땅 백성은 포악하고 강탈을 일삼
고 가난하고 궁핍한 자를 압제하고
나그네를 부당하게 학대하였으므로
30 이 땅을 위하여 성을 쌓으며 성 무너
진 데를 막아 서서 나로 하여금 멸하
지 못하게 할 사람을 내가 그 가운데
에서 찾다가 찾지 못하였으므로
31 내가 내 분노를 그들 위에 쏟으며 내
진노의 불로 멸하여 그들 행위대로
그들 머리에 보응하였느니라 주 여호
와의 말씀이니라

27】

28】

29】

30】

31】

오홀라와 오홀리바의 행음

23
1 또 여호와의 말씀이 내게 임하여
이르시되
2 인자야 두 여인이 있었으니 한 어머
니의 딸이라
3 그들이 애굽에서 행음하되 어렸을 때

1】

2】

3】

에 행음하여 그들의 유방이 눌리며
그 처녀의 가슴이 어루만져졌나니
4 그 이름이 형은 오홀라요 아우는 오
홀리바라 그들이 내게 속하여 자녀를
낳았나니 그 이름으로 말하면 오홀라
는 사마리아요 오홀리바는 예루살렘
이니라
5 ○ 오홀라가 내게 속하였을 때에 행
음하여 그가 연애하는 자 곧 그의 이
웃 앗수르 사람을 사모하였나니
6 그들은 다 자색 옷을 입은 고관과 감
독이요 준수한 청년이요 말 타는 자
들이라
7 그가 앗수르 사람들 가운데에 잘 생
긴 그 모든 자들과 행음하고 누구를
연애하든지 그들의 모든 우상으로 자
신을 더럽혔으며
8 그가 젊었을 때에 애굽 사람과 동침
하매 그 처녀의 가슴이 어루만져졌으
며 그의 몸에 음란을 쏟음을 당한 바
되었더니 그가 그 때부터 행음함을
마지아니하였느니라
9 그러므로 내가 그를 그의 정든 자 곧
그가 연애하는 앗수르 사람의 손에
넘겼더니
10 그들이 그의 하체를 드러내고 그의
자녀를 빼앗으며 칼로 그를 죽여 여

4】
5】
6】
7】
8】
9】
10】

인들에게 이야깃거리가 되게 하였나
니 이는 그들이 그에게 심판을 행함
이니라
11 ○ 그 아우 오홀리바가 이것을 보고도
그의 형보다 음욕을 더하며 그의 형의
간음함보다 그 간음이 더 심하므로
그의 형보다 더 부패하여졌느니라
12 그가 그의 이웃 앗수르 사람을 연애
하였나니 그들은 화려한 의복을 입은
고관과 감독이요 말 타는 자들과 준
수한 청년이었느니라
13 그 두 여인이 한 길로 행하므로 그도
더러워졌음을 내가 보았노라
14 그가 음행을 더하였음은 붉은 색으로
벽에 그린 사람의 형상 곧 갈대아 사
람의 형상을 보았음이니
15 그 형상은 허리를 띠로 동이고 머리
를 긴 수건으로 쌌으며 그의 용모는
다 준수한 자 곧 그의 고향 갈대아 바
벨론 사람 같은 것이라
16 그가 보고 곧 사랑하게 되어 사절을
갈대아 그들에게로 보내매
17 바벨론 사람이 나아와 연애하는 침상
에 올라 음행으로 그를 더럽히매 그
가 더럽힘을 입은 후에 그들을 싫어
하는 마음이 생겼느니라
18 그가 이같이 그의 음행을 나타내며

11】

12】

13】

14】

15】

16】

17】

18】

그가 하체를 드러내므로 내 마음이
그의 형을 싫어한 것 같이 그를 싫어
하였으나
19 그가 그의 음행을 더하여 젊었을 때
곧 애굽 땅에서 행음하던 때를 생각
하고
20 그의 하체는 나귀 같고 그의 정수는
말 같은 음란한 간부를 사랑하였도다
21 네가 젊었을 때에 행음하여 애굽 사
람에게 네 가슴과 유방이 어루만져졌
던 것을 아직도 생각하도다

오홀리바가 받은 재판

22 ○ 그러므로 오홀리바야 주 여호와께
서 이같이 말씀하셨느니라 나는 네가
사랑하다가 싫어하던 자들을 충동하
여 그들이 사방에서 와서 너를 치게
하리니
23 그들은 바벨론 사람과 갈대아 모든
무리 브곳과 소아와 고아 사람과 또
그와 함께 한 모든 앗수르 사람 곧 준
수한 청년이며 다 고관과 감독이며
귀인과 유명한 자요 다 말 타는 자들
이라
24 그들이 무기와 병거와 수레와 크고
작은 방패를 이끌고 투구 쓴 군대를
거느리고 치러 와서 너를 에워싸리라
내가 재판을 그들에게 맡긴즉 그들이

19】

20】

21】

22】

23】

24】

그들의 법대로 너를 재판하리라
25 내가 너를 향하여 질투하리니 그들이
분내어 네 코와 귀를 깎아 버리고 남
은 자를 칼로 엎드러뜨리며 네 자녀
를 빼앗고 그 남은 자를 불에 사르며
26 또 네 옷을 벗기며 네 장식품을 빼앗
을지라
27 이와 같이 내가 네 음란과 애굽 땅에
서부터 행음하던 것을 그치게 하여
너로 그들을 향하여 눈을 들지도 못
하게 하며 다시는 애굽을 기억하지도
못하게 하리라
28 주 여호와께서 이같이 말씀하셨느니
라 나는 네가 미워하는 자와 네 마음
에 싫어하는 자의 손에 너를 붙이리니
29 그들이 미워하는 마음으로 네게 행하
여 네 모든 수고한 것을 빼앗고 너를
벌거벗은 몸으로 두어서 네 음행의
벗은 몸 곧 네 음란하며 행음하던 것
을 드러낼 것이라
30 네가 이같이 당할 것은 네가 음란하
게 이방을 따르고 그 우상들로 더럽
혔기 때문이로다
31 네가 네 형의 길로 행하였은즉 내가
그의 잔을 네 손에 주리라
32 주 여호와께서 이같이 말씀하셨느니
라 깊고 크고 가득히 담긴 네 형의 잔

25】

26】

27】

28】

29】

30】

31】

32】

을 네가 마시고 코웃음과 조롱을 당
하리라
33 네가 네 형 사마리아의 잔 곧 놀람과
패망의 잔에 넘치게 취하고 근심할
지라
34 네가 그 잔을 다 기울여 마시고 그 깨
어진 조각을 씹으며 네 유방을 꼬집
을 것은 내가 이렇게 말하였음이라
주 여호와의 말씀이니라
35 그러므로 주 여호와께서 이같이 말씀
하셨느니라 네가 나를 잊었고 또 나
를 네 등 뒤에 버렸은즉 너는 네 음란
과 네 음행의 죄를 담당할지니라 하
시니라

오홀라와 오홀리바가 받은 재판

36 ○ 여호와께서 또 내게 이르시되 인
자야 네가 오홀라와 오홀리바를 심판
하려느냐 그러면 그 가증한 일을 그
들에게 말하라
37 그들이 행음하였으며 피를 손에 묻혔
으며 또 그 우상과 행음하며 내게 낳
아 준 자식들을 우상을 위하여 화제
로 살랐으며
38 이 외에도 그들이 내게 행한 것이 있
나니 당일에 내 성소를 더럽히며 내
안식일을 범하였도다
39 그들이 자녀를 죽여 그 우상에게 드

33】

34】

35】

36】

37】

38】

39】

린 그 날에 내 성소에 들어와서 더럽
혔으되 그들이 내 성전 가운데에서
그렇게 행하였으며
40 또 사절을 먼 곳에 보내 사람을 불러
오게 하고 그들이 오매 그들을 위하
여 목욕하며 눈썹을 그리며 스스로
단장하고
41 화려한 자리에 앉아 앞에 상을 차리
고 내 향과 기름을 그 위에 놓고
42 그 무리와 편히 지껄이고 즐겼으며
또 광야에서 잡류와 술 취한 사람을
청하여 오매 그들이 팔찌를 그 손목
에 끼우고 아름다운 관을 그 머리에
씌웠도다
43 ○ 내가 음행으로 쇠한 여인을 가리
켜 말하노라 그가 그래도 그들과 피
차 행음하는도다
44 그들이 그에게 나오기를 기생에게 나
옴 같이 음란한 여인 오홀라와 오홀
리바에게 나왔은즉
45 의인이 간통한 여자들을 재판함 같이
재판하며 피를 흘린 여인을 재판함
같이 재판하리니 그들은 간통한 여자
들이요 또 피가 그 손에 묻었음이라
46 주 여호와께서 이같이 말씀하셨느니
라 그들에게 무리를 올려 보내 그들
이 공포와 약탈을 당하게 하라

40】

41】

42】

43】

44】

45】

46】

47 무리가 그들을 돌로 치며 칼로 죽이
고 그 자녀도 죽이며 그 집들을 불사
르리라
48 이같이 내가 이 땅에서 음란을 그치
게 한즉 모든 여인이 정신이 깨어 너
희 음행을 본받지 아니하리라
49 그들이 너희 음란으로 너희에게 보응
한즉 너희가 모든 우상을 위하던 죄
를 담당할지라 내가 주 여호와인 줄
을 너희가 알리라 하시니라

47】

48】

49】

녹슨 가마 예루살렘

24 1 아홉째 해 열째 달 열째 날에 여호
와의 말씀이 내게 임하여 이르시되
2 인자야 너는 날짜 곧 오늘의 이름을
기록하라 바벨론 왕이 오늘 예루살렘
에 가까이 왔느니라
3 너는 이 반역하는 족속에게 비유를
베풀어 이르기를 주 여호와께서 이같
이 말씀하시기를 가마 하나를 걸라
4 -5 건 후에 물을 붓고 양 떼에서 한
마리를 골라 각을 뜨고 그 넓적다리
와 어깨 고기의 모든 좋은 덩이를 그
가운데에 모아 넣으며 고른 뼈를 가
득히 담고 그 뼈를 위하여 가마 밑에
나무를 쌓아 넣고 잘 삶되 가마 속의
뼈가 무르도록 삶을지어다

1】

2】

3】

4】- 5】

6 ○ 그러므로 주 여호와께서 이같이
말씀하셨느니라 피를 흘린 성읍, 녹슨
가마 곧 그 속의 녹을 없이하지 아니
한 가마여 화 있을진저 제비 뽑을 것
도 없이 그 덩이를 하나하나 꺼낼지
어다
7 그 피가 그 가운데에 있음이여 피를
땅에 쏟아 티끌이 덮이게 하지 않고
맨 바위 위에 두었도다
8 내가 그 피를 맨 바위 위에 두고 덮
이지 아니하게 함은 분노를 나타내어
보응하려 함이로라
9 그러므로 주 여호와께서 이같이 말
씀하셨느니라 화 있을진저 피를 흘린
성읍이여 내가 또 나무 무더기를 크
게 하리라
10 나무를 많이 쌓고 불을 피워 그 고기
를 삶아 녹이고 국물을 졸이고 그 뼈
를 태우고
11 가마가 빈 후에는 숯불 위에 놓아 뜨
겁게 하며 그 가마의 놋을 달궈서 그
속에 더러운 것을 녹게 하며 녹이 소
멸되게 하라
12 이 성읍이 수고하므로 스스로 피곤하
나 많은 녹이 그 속에서 벗겨지지 아
니하며 불에서도 없어지지 아니하는
도다

6】

7】

8】

9】

10】

11】

12】

13 너의 더러운 것들 중에 음란이 그 하
나이니라 내가 너를 깨끗하게 하나
네가 깨끗하여지지 아니하니 내가 네
게 향한 분노를 풀기 전에는 네 더러
움이 다시 깨끗하여지지 아니하리라
14 나 여호와가 말하였은즉 그 일이 이
루어질지라 내가 돌이키지도 아니하
고 아끼지도 아니하며 뉘우치지도 아
니하고 행하리니 그들이 네 모든 행
위대로 너를 재판하리라 주 여호와의
말씀이니라

에스겔의 아내가 죽다

15 ○ 여호와의 말씀이 또 내게 임하여
이르시되
16 인자야 내가 네 눈에 기뻐하는 것을
한 번 쳐서 빼앗으리니 너는 슬퍼하
거나 울거나 눈물을 흘리거나 하지
말며
17 죽은 자들을 위하여 슬퍼하지 말고
조용히 탄식하며 수건으로 머리를 동
이고 발에 신을 신고 입술을 가리지
말고 사람이 초상집에서 먹는 음식물
을 먹지 말라 하신지라
18 내가 아침에 백성에게 말하였더니 저
녁에 내 아내가 죽었으므로 아침에
내가 받은 명령대로 행하매
19 백성이 내게 이르되 네가 행하는 이

13】

14】

15】

16】

17】

18】

19】

일이 우리와 무슨 상관이 있는지 너
는 우리에게 말하지 아니하겠느냐 하
므로
20 내가 그들에게 대답하기를 여호와의
말씀이 내게 임하여 이르시되
21 너는 이스라엘 족속에게 이르기를 주
여호와의 말씀에 내 성소는 너희 세력
의 영광이요 너희 눈의 기쁨이요 너희
마음에 아낌이 되거니와 내가 더럽힐
것이며 너희의 버려 둔 자녀를 칼에
엎드러지게 할지라
22 너희가 에스겔이 행한 바와 같이 행
하여 입술을 가리지 아니하며 사람의
음식물을 먹지 아니하며
23 수건으로 머리를 동인 채, 발에 신을
신은 채로 두고 슬퍼하지도 아니하며
울지도 아니하되 죄악 중에 패망하여
피차 바라보고 탄식하리라
24 이같이 에스겔이 너희에게 표징이 되
리니 그가 행한 대로 너희가 다 행할
지라 이 일이 이루어지면 내가 주 여
호와인 줄을 너희가 알리라 하라 하
셨느니라
25 ○ 인자야 내가 그 힘과 그 즐거워하
는 영광과 그 눈이 기뻐하는 것과 그
마음이 간절하게 생각하는 자녀를 데
려가는 날

20】

21】

22】

23】

24】

25】

년 월 일

26 곧 그 날에 도피한 자가 네게 나와서
네 귀에 그 일을 들려 주지 아니하겠
느냐
27 그 날에 네 입이 열려서 도피한 자에
게 말하고 다시는 잠잠하지 아니하리
라 이같이 너는 그들에게 표징이 되
고 그들은 내가 여호와인 줄 알리라

26】

27】

암몬이 받을 심판

25
1 여호와의 말씀이 또 내게 임하여
이르시되
2 인자야 네 얼굴을 암몬 족속에게 돌
리고 그들에게 예언하라
3 너는 암몬 족속에게 이르기를 너희는
주 여호와의 말씀을 들을지어다 주
여호와께서 이같이 말씀하셨느니라
내 성소가 더럽힘을 받을 때에 네가
그것에 관하여, 이스라엘 땅이 황폐할
때에 네가 그것에 관하여, 유다 족속
이 사로잡힐 때에 네가 그들에 대하
여 이르기를 아하 좋다 하였도다
4 그러므로 내가 너를 동방 사람에게
기업으로 넘겨 주리니 그들이 네 가
운데에 진을 치며 네 가운데에 그 거
처를 베풀며 네 열매를 먹으며 네 젖
을 마실지라
5 내가 랍바를 낙타의 우리로 만들며

1】

2】

3】

4】

5】

암몬 족속의 땅을 양 떼가 눕는 곳으
로 삼은즉 내가 주 여호와인 줄을 너
희가 알리라
6 주 여호와께서 이같이 말씀하셨느니
라 네가 이스라엘 땅에 대하여 손뼉
을 치며 발을 구르며 마음을 다하여
멸시하며 즐거워하였나니
7 그런즉 내가 손을 네 위에 펴서 너를
다른 민족에게 넘겨 주어 노략을 당하
게 하며 너를 만민 중에서 끊어 버리
며 너를 여러 나라 가운데에서 패망
하게 하여 멸하리니 내가 주 여호와
인 줄을 너희가 알리라 하셨다 하라

모압과 세일이 받을 심판

8 ○ 주 여호와께서 이같이 말씀하셨느
니라 모압과 세일이 이르기를 유다
족속은 모든 이방과 다름이 없다 하
도다
9 그러므로 내가 모압의 한편 곧 그 나
라 국경에 있는 영화로운 성읍들 벧여
시못과 바알므온과 기랴다임을 열고
10 암몬 족속과 더불어 동방 사람에게
넘겨 주어 기업을 삼게 할 것이라 암
몬 족속이 다시는 이방 가운데에서
기억되지 아니하게 하려니와
11 내가 모압에 벌을 내리리니 내가 주
여호와인 줄을 너희가 알리라

6】
7】
8】
9】
10】
11】

에돔과 블레셋이 받을 심판

12 ○ 주 여호와께서 이같이 말씀하셨느
니라 에돔이 유다 족속을 쳐서 원수
를 갚았고 원수를 갚음으로 심히 범
죄하였도다
13 그러므로 주 여호와께서 이같이 말씀
하셨느니라 내가 내 손을 에돔 위에
펴서 사람과 짐승을 그 가운데에서
끊어 데만에서부터 황폐하게 하리니
드단까지 칼에 엎드러지리라
14 내가 내 백성 이스라엘의 손으로 내
원수를 에돔에게 갚으리니 그들이 내
진노와 분노를 따라 에돔에 행한즉
내가 원수를 갚음인 줄을 에돔이 알
리라 주 여호와의 말씀이니라
15 주 여호와께서 이같이 말씀하셨느니
라 블레셋 사람이 옛날부터 미워하여
멸시하는 마음으로 원수를 갚아 진멸
하고자 하였도다
16 그러므로 주 여호와께서 이같이 말
씀하셨느니라 내가 블레셋 사람 위에
손을 펴서 그렛 사람을 끊으며 해변
에 남은 자를 진멸하되
17 분노의 책벌로 내 원수를 그들에게
크게 갚으리라 내가 그들에게 원수
를 갚은즉 내가 여호와인 줄을 그들
이 알리라 하시니라

12】

13】

14】

15】

16】

17】

두로가 받을 심판

26
1 열한째 해 어느 달 초하루에 여호
와의 말씀이 내게 임하여 이르시되
2 인자야 두로가 예루살렘에 관하여 이
르기를 아하 만민의 문이 깨져서 내
게로 돌아왔도다 그가 황폐하였으니
내가 충만함을 얻으리라 하였도다
3 그러므로 주 여호와께서 이같이 말씀
하셨느니라 두로야 내가 너를 대적하
여 바다가 그 파도를 굽이치게 함 같
이 여러 민족들이 와서 너를 치게 하
리니
4 그들이 두로의 성벽을 무너뜨리며 그
망대를 헐 것이요 나도 티끌을 그 위
에서 쓸어 버려 맨 바위가 되게 하며
5 바다 가운데에 그물 치는 곳이 되게
하리니 내가 말하였음이라 주 여호와
의 말씀이니라 그가 이방의 노략 거
리가 될 것이요
6 들에 있는 그의 딸들은 칼에 죽으리
니 그들이 나를 여호와인 줄을 알리라
7 ○ 주 여호와께서 이같이 말씀하셨
느니라 내가 왕들 중의 왕 곧 바벨론
의 느부갓네살 왕으로 하여금 북쪽에
서 말과 병거와 기병과 군대와 백성
의 큰 무리를 거느리고 와서 두로를
치게 할 때에

1】

2】

3】

4】

5】

6】

7】

8 그가 들에 있는 너의 딸들을 칼로 죽
이고 너를 치려고 사다리를 세우며
토성을 쌓으며 방패를 갖출 것이며
9 공성퇴를 가지고 네 성을 치며 도끼
로 망대를 찍을 것이며
10 말이 많으므로 그 티끌이 너를 가릴
것이며 사람이 무너진 성 구멍으로 들
어가는 것 같이 그가 네 성문으로 들
어갈 때에 그 기병과 수레와 병거의
소리로 말미암아 네 성곽이 진동할 것
이며
11 그가 그 말굽으로 네 모든 거리를 밟
을 것이며 칼로 네 백성을 죽일 것이
며 네 견고한 석상을 땅에 엎드러뜨
릴 것이며
12 네 재물을 빼앗을 것이며 네가 무역
한 것을 노략할 것이며 네 성을 헐 것
이며 네가 기뻐하는 집을 무너뜨릴
것이며 또 네 돌들과 네 재목과 네 흙
을 다 물 가운데에 던질 것이라
13 내가 네 노래 소리를 그치게 하며 네
수금 소리를 다시 들리지 않게 하고
14 너를 맨 바위가 되게 한즉 네가 그물
말리는 곳이 되고 다시는 건축되지
못하리니 나 여호와가 말하였음이니
라 주 여호와의 말씀이니라
15 ○ 주 여호와께서 이같이 두로에 대

8】

9】

10】

11】

12】

13】

14】

15】

하여 말씀하시되 네가 엎드러지는 소
리에 모든 섬이 진동하지 아니하겠느
냐 곧 너희 가운데에 상한 자가 부르
짖으며 죽임을 당할 때에라
16 그 때에 바다의 모든 왕이 그 보좌에
서 내려 조복을 벗으며 수 놓은 옷을
버리고 떨림을 입듯 하고 땅에 앉아
서 너로 말미암아 무시로 떨며 놀랄
것이며
17 그들이 너를 위하여 슬픈 노래를 불
러 이르기를 항해자가 살았던 유명한
성읍이여 너와 너의 주민이 바다 가
운데에 있어 견고하였도다 해변의 모
든 주민을 두렵게 하였더니 어찌 그
리 멸망하였는고
18 네가 무너지는 그날에 섬들이 진동할
것임이여 바다 가운데의 섬들이 네
결국을 보고 놀라리로다 하리라
19 ○ 주 여호와께서 이같이 말씀하셨느
니라 내가 너를 주민이 없는 성읍과
같이 황폐한 성읍이 되게 하고 깊은
바다가 네 위에 오르게 하며 큰 물이
너를 덮게 할 때에
20 내가 너를 구덩이에 내려가는 자와
함께 내려가서 옛적 사람에게로 나
아가게 하고 너를 그 구덩이에 내려
간 자와 함께 땅 깊은 곳 예로부터 황

16】

17】

18】

19】

20】

폐한 곳에 살게 하리라 네가 다시는
사람이 거주하는 곳이 되지 못하리니
살아 있는 자의 땅에서 영광을 얻지
못하리라
21 내가 너를 패망하게 하여 다시 있지
못하게 하리니 사람이 비록 너를 찾
으나 다시는 영원히 만나지 못하리라
주 여호와의 말씀이니라

21】

두로에 대한 애가

27 1 여호와의 말씀이 내게 임하여 이
르시되
2 인자야 너는 두로를 위하여 슬픈 노
래를 지으라
3 너는 두로를 향하여 이르기를 바다
어귀에 거주하면서 여러 섬 백성과
거래하는 자여 주 여호와께서 이같이
말씀하시되 두로야 네가 말하기를 나
는 온전히 아름답다 하였도다
4 네 땅이 바다 가운데에 있음이여 너
를 지은 자가 네 아름다움을 온전하
게 하였도다
5 스닐의 잣나무로 네 판자를 만들었음
이여 너를 위하여 레바논의 백향목을
가져다 돛대를 만들었도다
6 바산의 상수리나무로 네 노를 만들었
음이여 깃딤 섬 황양목에 상아로 꾸

1】

2】

3】

4】

5】

6】

며 갑판을 만들었도다
7 애굽의 수 놓은 가는 베로 돛을 만들 7】
어 깃발을 삼았음이여 엘리사 섬의
청색 자색 베로 차일을 만들었도다
8 시돈과 아르왓 주민들이 네 사공이 8】
되었음이여 두로야 네 가운데에 있는
지혜자들이 네 선장이 되었도다
9 그발의 노인들과 지혜자들이 네 가운 9】
데에서 배의 틈을 막는 자가 되었음
이여 바다의 모든 배와 그 사공들은
네 가운데에서 무역하였도다
10 바사와 룻과 붓이 네 군대 가운데에 10】
서 병정이 되었음이여 네 가운데에서
방패와 투구를 달아 네 영광을 나타
냈도다
11 아르왓 사람과 네 군대는 네 사방 성 11】
위에 있었고 용사들은 네 여러 망대에
있었음이여 네 사방 성 위에 방패를 달
아 네 아름다움을 온전하게 하였도다
12 ○ 다시스는 각종 보화가 풍부하므로 12】
너와 거래하였음이여 은과 철과 주석
과 납을 네 물품과 바꾸어 갔도다
13 야완과 두발과 메섹은 네 상인이 되 13】
었음이여 사람과 놋그릇을 가지고 네
상품을 바꾸어 갔도다
14 도갈마 족속은 말과 군마와 노새를 14】
네 물품과 바꾸었으며

15 드단 사람은 네 상인이 되었음이여
여러 섬이 너와 거래하여 상아와 박
달나무를 네 물품과 바꾸어 갔도다
16 너의 제품이 풍부하므로 아람은 너와
거래하였음이여 남보석과 자색 베와
수 놓은 것과 가는 베와 산호와 홍보
석을 네 물품과 바꾸어 갔도다
17 유다와 이스라엘 땅 사람이 네 상인
이 되었음이여 민닛 밀과 과자와 꿀
과 기름과 유향을 네 물품과 바꾸어
갔도다
18 너의 제품이 많고 각종 보화가 풍부
하므로 다메섹이 너와 거래하였음이
여 헬본 포도주와 흰 양털을 너와 거
래하였도다
19 워단과 야완은 길쌈하는 실로 네 물
품을 거래하였음이여 가공한 쇠와 계
피와 대나무 제품이 네 상품 중에 있
었도다
20 드단은 네 상인이 되었음이여 말을
탈 때 까는 천을 너와 거래하였도다
21 아라비아와 게달의 모든 고관은 네
손아래 상인이 되어 어린 양과 숫양
과 염소들, 그것으로 너와 거래하였
도다
22 스바와 라아마의 상인들도 너의 상인
들이 되었이여 각종 극상품 향 재료와

15】
16】
17】
18】
19】
20】
21】
22】

각종 보석과 황금으로 네 물품을 바
꾸어 갔도다
23 하란과 간네와 에덴과 스바와 앗수르와
길맛의 장사꾼들도 너의 상인들이라
24 이들이 아름다운 물품 곧 청색 옷과
수 놓은 물품과 빛난 옷을 백향목 상
자에 담고 노끈으로 묶어 가지고 너
와 거래하여 네 물품을 바꾸어 갔도다
25 다시스의 배는 떼를 지어 네 화물을
나르니 네가 바다 중심에서 풍부하여
영화가 매우 크도다
26 ○ 네 사공이 너를 인도하여 큰 물에
이르게 함이여 동풍이 바다 한가운데
에서 너를 무찔렀도다
27 네 재물과 상품과 바꾼 물건과 네 사
공과 선장과 네 배의 틈을 막는 자와
네 상인과 네 가운데에 있는 모든 용
사와 네 가운데에 있는 모든 무리가
네가 패망하는 날에 다 바다 한가운데
에 빠질 것임이여
28 네 선장이 부르짖는 소리에 물결이
흔들리리로다
29 노를 잡은 모든 자와 사공과 바다의
선장들이 다 배에서 내려 언덕에 서서
30 너를 위하여 크게 소리 질러 통곡하
고 티끌을 머리에 덮어쓰며 재 가운
데에 뒹굴며

23】
24】
25】
26】
27】
28】
29】
30】

31 그들이 다 너를 위하여 머리털을 밀
고 굵은 베로 띠를 띠고 마음이 아프
게 슬피 통곡하리로다
32 그들이 통곡할 때에 너를 위하여 슬
픈 노래를 불러 애도하여 말하기를
두로와 같이 바다 가운데에서 적막한
자 누구인고
33 네 물품을 바다로 실어 낼 때에 네가
여러 백성을 풍족하게 하였음이여 네
재물과 무역품이 많으므로 세상 왕들
을 풍부하게 하였었도다
34 네가 바다 깊은 데에서 파선한 때에
네 무역품과 네 승객이 다 빠졌음이여
35 섬의 주민들이 너로 말미암아 놀라고
왕들이 심히 두려워하여 얼굴에 근심
이 가득하도다
36 많은 민족의 상인들이 다 너를 비웃
음이여 네가 공포의 대상이 되고 네
가 영원히 다시 있지 못하리라 하셨
느니라

31】

32】

33】

34】

35】

36】

두로 왕이 받을 심판

28
1 또 여호와의 말씀이 내게 임하여
이르시되
2 인자야 너는 두로 왕에게 이르기를
주 여호와께서 이같이 말씀하시되 네
마음이 교만하여 말하기를 나는 신이

1】

2】

라 내가 하나님의 자리 곧 바다 가운
데에 앉아 있다 하도다 네 마음이 하
나님의 마음 같은 체할지라도 너는
사람이요 신이 아니거늘
3 네가 다니엘보다 지혜로워서 은밀한
것을 깨닫지 못할 것이 없다 하고
4 네 지혜와 총명으로 재물을 얻었으며
금과 은을 곳간에 저축하였으며
5 네 큰 지혜와 네 무역으로 재물을 더
하고 그 재물로 말미암아 네 마음이
교만하였도다
6 그러므로 주 여호와께서 이같이 말씀
하셨느니라 네 마음이 하나님의 마음
같은 체하였으니
7 그런즉 내가 이방인 곧 여러 나라의
강포한 자를 거느리고 와서 너를 치
리니 그들이 칼을 빼어 네 지혜의 아
름다운 것을 치며 네 영화를 더럽히며
8 또 너를 구덩이에 빠뜨려서 너를 바다
가운데에서 죽임을 당한 자의 죽음 같
이 바다 가운데에서 죽게 할지라
9 네가 너를 죽이는 자 앞에서도 내가 하
나님이라고 말하겠느냐 너를 치는 자
들 앞에서 사람일 뿐이요 신이 아니라
10 네가 이방인의 손에서 죽기를 할례
받지 않은 자의 죽음 같이 하리니 내
가 말하였음이니라 주 여호와의 말씀

3】
4】
5】
6】
7】
8】
9】
10】

이니라 하셨다 하라

11 여호와의 말씀이 또 내게 임하여 이
르시되

12 인자야 두로 왕을 위하여 슬픈 노래를
지어 그에게 이르기를 주 여호와의 말
씀에 너는 완전한 도장이었고 지혜가
충족하며 온전히 아름다웠도다

13 네가 옛적에 하나님의 동산 에덴에
있어서 각종 보석 곧 홍보석과 황보
석과 금강석과 황옥과 홍마노와 창옥
과 청보석과 남보석과 홍옥과 황금으
로 단장하였음이여 네가 지음을 받던
날에 너를 위하여 소고와 비파가 준
비되었도다

14 너는 기름 부음을 받고 지키는 그룹
임이여 내가 너를 세우매 네가 하나
님의 성산에 있어서 불타는 돌들 사
이에 왕래하였도다

15 네가 지음을 받던 날로부터 네 모든
길에 완전하더니 마침내 네게서 불의
가 드러났도다

16 네 무역이 많으므로 네 가운데에 강
포가 가득하여 네가 범죄하였도다 너
지키는 그룹아 그러므로 내가 너를
더럽게 여겨 하나님의 산에서 쫓아냈
고 불타는 돌들 사이에서 멸하였도다

17 네가 아름다우므로 마음이 교만하였

11】

12】

13】

14】

15】

16】

17】

으며 네가 영화로우므로 네 지혜를 더
럽혔음이여 내가 너를 땅에 던져 왕
들 앞에 두어 그들의 구경 거리가 되
게 하였도다
18 네가 죄악이 많고 무역이 불의하므로
네 모든 성소를 더럽혔음이여 내가
네 가운데에서 불을 내어 너를 사르
게 하고 너를 보고 있는 모든 자 앞에
서 너를 땅 위에 재가 되게 하였도다
19 만민 중에 너를 아는 자가 너로 말미
암아 다 놀랄 것임이여 네가 공포의
대상이 되고 네가 영원히 다시 있지
못하리로다 하셨다 하라

시돈이 받을 심판

20 ○ 여호와의 말씀이 또 내게 임하여
이르시되
21 인자야 너는 얼굴을 시돈으로 향하고
그에게 예언하라
22 너는 이르기를 주 여호와께서 이같이
말씀하시되 시돈아 내가 너를 대적하
나니 네 가운데에서 내 영광이 나타나
리라 하셨다 하라 내가 그 가운데에서
심판을 행하여 내 거룩함을 나타낼 때
에 무리가 나를 여호와인 줄을 알지라
23 내가 그에게 전염병을 보내며 그의
거리에 피가 흐르게 하리니 사방에서
오는 칼에 상한 자가 그 가운데에 엎

18】

19】

20】

21】

22】

23】

드러질 것인즉 무리가 나를 여호와인
줄을 알겠고
24 이스라엘 족속에게는 그 사방에서 그
들을 멸시하는 자 중에 찌르는 가시
와 아프게 하는 가시가 다시는 없으
리니 내가 주 여호와인 줄을 그들이
알리라

이스라엘이 복을 받으리라

25 ○ 주 여호와께서 이같이 말씀하셨느
니라 내가 여러 민족 가운데에 흩어
져 있는 이스라엘 족속을 모으고 그
들로 말미암아 여러 나라의 눈 앞에
서 내 거룩함을 나타낼 때에 그들이
고국 땅 곧 내 종 야곱에게 준 땅에 거
주할지라
26 그들이 그 가운데에 평안히 살면서
집을 건축하며 포도원을 만들고 그들
의 사방에서 멸시하던 모든 자를 내
가 심판할 때에 그들이 평안히 살며
내가 그 하나님 여호와인 줄을 그들
이 알리라

24】

25】

26】

애굽이 받을 심판

29 1 열째 해 열째 달 열두째 날에 여호
와의 말씀이 내게 임하여 이르시되
2 인자야 너는 애굽의 바로 왕과 온 애
굽으로 얼굴을 향하고 예언하라

1】

2】

3 너는 말하여 이르기를 주 여호와께서
이같이 말씀하시되 애굽의 바로 왕이
여 내가 너를 대적하노라 너는 자기의
강들 가운데에 누운 큰 악어라 스스
로 이르기를 나의 이 강은 내 것이라
내가 나를 위하여 만들었다 하는도다
4 내가 갈고리로 네 아가미를 꿰고 너의
강의 고기가 네 비늘에 붙게 하고 네
비늘에 붙은 강의 모든 고기와 함께
너를 너의 강들 가운데에서 끌어내고
5 너와 너의 강의 모든 고기를 들에 던
지리니 네가 지면에 떨어지고 다시는
거두거나 모으지 못할 것은 내가 너
를 들짐승과 공중의 새의 먹이로 주
었음이라
6 애굽의 모든 주민이 내가 여호와인
줄을 알리라 애굽은 본래 이스라엘
족속에게 갈대 지팡이라
7 그들이 너를 손으로 잡은즉 네가 부러
져서 그들의 모든 어깨를 찢었고 그들
이 너를 의지한즉 네가 부러져서 그들
의 모든 허리가 흔들리게 하였느니라
8 ○ 그러므로 주 여호와께서 이같이 말
씀하셨느니라 내가 칼이 네게 임하게
하여 네게서 사람과 짐승을 끊은즉
9 애굽 땅이 사막과 황무지가 되리니
내가 여호와인 줄을 그들이 알리라

3】

4】

5】

6】

7】

8】

9】

네가 스스로 이르기를 이 강은 내 것
이라 내가 만들었다 하도다
10 그러므로 내가 너와 네 강들을 쳐서
애굽 땅 믹돌에서부터 수에네 곧 구
스 지경까지 황폐한 황무지 곧 사막
이 되게 하리니
11 그 가운데로 사람의 발도 지나가지
아니하며 짐승의 발도 지나가지 아니
하고 거주하는 사람이 없이 사십 년
이 지날지라
12 내가 애굽 땅을 황폐한 나라들 같이 황
폐하게 하며 애굽 성읍도 사막이 된 나
라들의 성읍 같이 사십 년 동안 황폐하
게 하고 애굽 사람들은 각국 가운데로
흩으며 여러 민족 가운데로 헤치리라
13 주 여호와께서 이같이 말씀하셨느니
라 사십 년 끝에 내가 만민 중에 흩은
애굽 사람을 다시 모아 내되
14 애굽의 사로잡힌 자들을 돌이켜 바드
로스 땅 곧 그 고국 땅으로 돌아가게
할 것이라 그들이 거기에서 미약한
나라가 되되
15 나라 가운데에 지극히 미약한 나라가
되어 다시는 나라들 위에 스스로 높
이지 못하리니 내가 그들을 감하여
다시는 나라들을 다스리지 못하게 할
것임이라

10】
11】
12】
13】
14】
15】

16 그들이 다시는 이스라엘 족속의 의지
가 되지 못할 것이요 이스라엘 족속은
돌이켜 그들을 바라보지 아니하므로
그 죄악이 기억되지 아니하리니 내가
여호와인 줄을 그들이 알리라 하셨다
하라

16】

느부갓네살이 애굽을 정복하리라

17 ○ 스물일곱째 해 첫째 달 초하루에
여호와의 말씀이 내게 임하여 이르
시되

17】

18 인자야 바벨론의 느부갓네살 왕이 그
의 군대로 두로를 치게 할 때에 크게
수고하여 모든 머리털이 무지러졌고
모든 어깨가 벗어졌으나 그와 군대가
그 수고한 대가를 두로에서 얻지 못
하였느니라

18】

19 그러므로 주 여호와께서 이같이 말씀
하셨느니라 내가 애굽 땅을 바벨론의
느부갓네살 왕에게 넘기리니 그가 그
무리를 잡아가며 물건을 노략하며 빼
앗아 갈 것이라 이것이 그 군대의 보
상이 되리라

19】

20 그들의 수고는 나를 위하여 함인즉
그 대가로 내가 애굽 땅을 그에게 주
었느니라 주 여호와의 말씀이니라

20】

21 ○ 그 날에 나는 이스라엘 족속에게
한 뿔이 돋아나게 하고 나는 또 네가

21】

그들 가운데에서 입을 열게 하리니
내가 여호와인 줄을 그들이 알리라

여호와께서 애굽을 심판하시다

30 1 또 여호와의 말씀이 내게 임하여
이르시되
2 인자야 너는 예언하여 이르라 주 여
호와께서 이와 같이 말씀하시되 너희
는 통곡하며 이르기를 슬프다 이 날
이여 하라
3 그 날이 가깝도다 여호와의 날이 가
깝도다 구름의 날일 것이요 여러 나
라들의 때이리로다
4 애굽에 칼이 임할 것이라 애굽에서 죽
임 당한 자들이 엎드러질 때에 구스에
심한 근심이 있을 것이며 애굽의 무리
가 잡혀 가며 그 터가 헐릴 것이요
5 구스와 붓과 룻과 모든 섞인 백성과
굽과 및 동맹한 땅의 백성들이 그들
과 함께 칼에 엎드러지리라
6 ○ 여호와께서 이같이 말씀하셨느니
라 애굽을 붙들어 주는 자도 엎드러
질 것이요 애굽의 교만한 권세도 낮
아질 것이라 믹돌에서부터 수에네까
지 무리가 그 가운데에서 칼에 엎드
러지리라 주 여호와의 말씀이니라
7 황폐한 나라들 같이 그들도 황폐할

1】
2】
3】
4】
5】
6】
7】

것이며 사막이 된 성읍들 같이 그 성
읍들도 사막이 될 것이라
8 내가 애굽에 불을 일으키며 그 모든
돕는 자를 멸할 때에 그들이 나를 여
호와인 줄 알리라
9 그 날에 사절들이 내 앞에서 배로 나
아가서 염려 없는 구스 사람을 두렵
게 하리니 애굽의 재앙의 날과 같이
그들에게도 심한 근심이 있으리라 이
것이 오리로다
10 ○ 주 여호와께서 이같이 말씀하셨느
니라 내가 또 바벨론의 느부갓네살
왕의 손으로 애굽의 무리들을 끊으
리니
11 그가 여러 나라 가운데에 강포한 자기
군대를 거느리고 와서 그 땅을 멸망시
킬 때에 칼을 빼어 애굽을 쳐서 죽임
당한 자로 땅에 가득하게 하리라
12 내가 그 모든 강을 마르게 하고 그 땅
을 악인의 손에 팔겠으며 타국 사람
의 손으로 그 땅과 그 가운데에 있는
모든 것을 황폐하게 하리라 나 여호
와의 말이니라
13 주 여호와께서 이같이 말씀하셨느니
라 내가 그 우상들을 없애며 신상들
을 놉 가운데에서 부수며 애굽 땅에
서 왕이 다시 나지 못하게 하고 그 땅

8】

9】

10】

11】

12】

13】

에 두려움이 있게 하리라
14 내가 바드로스를 황폐하게 하며 소안
에 불을 지르며 노 나라를 심판하며
15 내 분노를 애굽의 견고한 성읍 신에 쏟
고 또 노 나라의 무리를 끊을 것이라
16 내가 애굽에 불을 일으키리니 신 나
라가 심히 근심할 것이며 노 나라는
찢겨 나누일 것이며 놉 나라가 날로
대적이 있을 것이며
17 아웬과 비베셋의 장정들은 칼에 엎드
러질 것이며 그 성읍 주민들은 포로
가 될 것이라
18 내가 애굽의 멍에를 꺾으며 그 교만한
권세를 그 가운데에서 그치게 할 때에
드합느헤스에서는 날이 어둡겠고 그
성읍에는 구름이 덮일 것이며 그 딸들
은 포로가 될 것이라
19 이같이 내가 애굽을 심판하리니 내가
여호와인 줄을 그들이 알리라 하셨다
하라

애굽 왕의 꺾인 팔

20 ○ 열한째 해 첫째 달 일곱째 날에 여
호와의 말씀이 내게 임하여 이르시되
21 인자야 내가 애굽의 바로 왕의 팔을
꺾었더니 칼을 잡을 힘이 있도록 그
것을 아주 싸매지도 못하였고 약을
붙여 싸매지도 못하였느니라

14】
15】
16】
17】
18】
19】
20】
21】

22 그러므로 주 여호와께서 이같이 말
씀하셨느니라 내가 애굽의 바로 왕을
대적하여 그 두 팔 곧 성한 팔과 이미
꺾인 팔을 꺾어서 칼이 그 손에서 떨
어지게 하고
23 애굽 사람을 뭇 나라 가운데로 흩으
며 뭇 백성 가운데로 헤칠지라
24 내가 바벨론 왕의 팔을 견고하게 하
고 내 칼을 그 손에 넘겨 주려니와 내
가 바로의 팔을 꺾으리니 그가 바벨
론 왕 앞에서 고통하기를 죽게 상한
자의 고통하듯 하리라
25 내가 바벨론 왕의 팔은 들어 주고 바
로의 팔은 내려뜨릴 것이라 내가 내
칼을 바벨론 왕의 손에 넘기고 그를
들어 애굽 땅을 치게 하리니 내가 여
호와인 줄을 그들이 알리라
26 내가 애굽 사람을 나라들 가운데로
흩으며 백성들 가운데로 헤치리니 내
가 여호와인 줄을 그들이 알리라

22】

23】

24】

25】

26】

한때 백향목 같았던 애굽

31 1 열한째 해 셋째 달 초하루에 여호
와의 말씀이 내게 임하여 이르시되
2 인자야 너는 애굽의 바로 왕과 그 무
리에게 이르기를 네 큰 위엄을 누구
에게 비하랴

1】

2】

3 볼지어다 앗수르 사람은 가지가 아름
답고 그늘은 숲의 그늘 같으며 키가
크고 꼭대기가 구름에 닿은 레바논
백향목이었느니라
4 물들이 그것을 기르며 깊은 물이 그
것을 자라게 하며 강들이 그 심어진
곳을 둘러 흐르며 둑의 물이 들의 모
든 나무에까지 미치매
5 그 나무가 물이 많으므로 키가 들의 모
든 나무보다 크며 굵은 가지가 번성하
며 가는 가지가 길게 뻗어 나갔고
6 공중의 모든 새가 그 큰 가지에 깃들
이며 들의 모든 짐승이 그 가는 가지
밑에 새끼를 낳으며 모든 큰 나라가
그 그늘 아래에 거주하였느니라
7 그 뿌리가 큰 물 가에 있으므로 그 나
무가 크고 가지가 길어 모양이 아름
다우매
8 하나님의 동산의 백향목이 능히 그를
가리지 못하며 잣나무가 그 굵은 가
지만 못하며 단풍나무가 그 가는 가
지만 못하며 하나님의 동산의 어떤
나무도 그 아름다운 모양과 같지 못
하였도다
9 내가 그 가지를 많게 하여 모양이 아
름답게 하였더니 하나님의 동산 에덴
에 있는 모든 나무가 다 시기하였느

3】

4】

5】

6】

7】

8】

9】

니라
10 ○ 그러므로 주 여호와께서 이같이
말씀하셨느니라 그의 키가 크고 꼭대
기가 구름에 닿아서 높이 솟아났으므
로 마음이 교만하였은즉
11 내가 여러 나라의 능한 자의 손에 넘
겨 줄지라 그가 임의로 대우할 것은
내가 그의 악으로 말미암아 쫓아내었
음이라
12 여러 나라의 포악한 다른 민족이 그를
찍어 버렸으므로 그 가는 가지가 산과
모든 골짜기에 떨어졌고 그 굵은 가지
가 그 땅 모든 물 가에 꺾어졌으며 세
상 모든 백성이 그를 버리고 그 그늘
아래에서 떠나매
13 공중의 모든 새가 그 넘어진 나무에
거주하며 들의 모든 짐승이 그 가지
에 있으리니
14 이는 물 가에 있는 모든 나무는 키가
크다고 교만하지 못하게 하며 그 꼭대
기가 구름에 닿지 못하게 하며 또 물
을 마시는 모든 나무가 스스로 높아
서지 못하게 함이니 그들을 다 죽음에
넘겨 주어 사람들 가운데에서 구덩이
로 내려가는 자와 함께 지하로 내려가
게 하였음이라
15 ○ 주 여호와께서 이같이 말씀하셨느

10】

11】

12】

13】

14】

15】

니라 그가 스올에 내려가던 날에 내가
그를 위하여 슬프게 울게 하며 깊은
바다를 덮으며 모든 강을 쉬게 하며
큰 물을 그치게 하고 레바논이 그를
위하여 슬프게 울게 하며 들의 모든
나무를 그로 말미암아 쇠잔하게 하였
느니라
16 내가 그를 구덩이에 내려가는 자와 함
께 스올에 떨어뜨리던 때에 백성들이
그 떨어지는 소리로 말미암아 진동하
게 하였고 물을 마시는 에덴의 모든
나무 곧 레바논의 뛰어나고 아름다운
나무들이 지하에서 위로를 받게 하였
느니라
17 그러나 그들도 그와 함께 스올에 내
려 칼에 죽임을 당한 자에게 이르렀
나니 그들은 옛적에 그의 팔이 된 자
요 나라들 가운데에서 그 그늘 아래
에 거주하던 자니라
18 ○ 너의 영광과 위대함이 에덴의 나
무들 중에서 어떤 것과 같은고 그러나
네가 에덴의 나무들과 함께 지하에
내려갈 것이요 거기에서 할례를 받지
못하고 칼에 죽임을 당한 자 가운데
에 누우리라 이들은 바로와 그의 모
든 군대니라 주 여호와의 말씀이니라
하라

16】

17】

18】

큰 악어 애굽 왕

32 1 열두째 해 열두째 달 초하루에 여
호와의 말씀이 내게 임하여 이르
시되
2 인자야 너는 애굽의 바로 왕에 대하
여 슬픈 노래를 불러 그에게 이르라
너를 여러 나라에서 사자로 생각하였
더니 실상은 바다 가운데의 큰 악어
라 강에서 튀어 일어나 발로 물을 휘
저어 그 강을 더럽혔도다
3 주 여호와께서 이같이 말씀하셨느니
라 내가 많은 백성의 무리를 거느리
고 내 그물을 네 위에 치고 그 그물로
너를 끌어오리로다
4 내가 너를 뭍에 버리며 들에 던져 공
중의 새들이 네 위에 앉게 할 것임이
여 온 땅의 짐승이 너를 먹어 배부르
게 하리로다
5 내가 네 살점을 여러 산에 두며 네 시
체를 여러 골짜기에 채울 것임이여
6 네 피로 네 헤엄치는 땅에 물 대듯 하
여 산에 미치게 하며 그 모든 개천을
채우리로다
7 내가 너를 불 끄듯 할 때에 하늘을 가
리어 별을 어둡게 하며 해를 구름으
로 가리며 달이 빛을 내지 못하게 할
것임이여

1】

2】

3】

4】

5】

6】

7】

8 하늘의 모든 밝은 빛을 내가 네 위에
서 어둡게 하여 어둠을 네 땅에 베풀
리로다 주 여호와의 말씀이니라
9 내가 네 패망의 소문이 여러 나라 곧
네가 알지 못하는 나라들에 이르게
할 때에 많은 백성의 마음을 번뇌하
게 할 것임이여
10 내가 그 많은 백성을 너로 말미암아
놀라게 할 것이며 내가 내 칼이 그들
의 왕 앞에서 춤추게 할 때에 그 왕이
너로 말미암아 심히 두려워할 것이며
네가 엎드러지는 날에 그들이 각각
자기 생명을 위하여 무시로 떨리로다
11 ○ 주 여호와께서 이같이 말씀하셨느
니라 바벨론 왕의 칼이 네게 오리로다
12 나는 네 무리가 용사 곧 모든 나라의
무서운 자들의 칼에 엎드러지게 할
것임이여 그들이 애굽의 교만을 폐하
며 그 모든 무리를 멸하리로다
13 내가 또 그 모든 짐승을 큰 물 가에서
멸하리니 사람의 발이나 짐승의 굽이
다시는 그 물을 흐리지 못할 것임이여
14 그 때에 내가 그 물을 맑게 하여 그 강
이 기름 같이 흐르게 하리로다 주 여
호와의 말씀이니라
15 내가 애굽 땅이 황폐하여 사막이 되
게 하여 거기에 풍성한 것이 없게 할

8】

9】

10】

11】

12】

13】

14】

15】

것임이여 그 가운데의 모든 주민을
치리니 내가 여호와인 줄을 그들이
알리라
16 이는 슬피 부를 노래이니 여러 나라 여
자들이 이것을 슬피 부름이여 애굽과
그 모든 무리를 위하여 이것을 슬피 부
르리로다 주 여호와의 말씀이니라

죽은 자들의 세계

17 ○ 열두째 해 어느 달 열다섯째 날에
여호와의 말씀이 내게 임하여 이르
시되
18 인자야 애굽의 무리를 위하여 슬피
울고 그와 유명한 나라의 여자들을
구덩이에 내려가는 자와 함께 지하에
던지며
19 이르라 너의 아름다움이 어떤 사람들
보다도 뛰어나도다 너는 내려가서 할
례를 받지 아니한 자와 함께 누울지
어다
20 그들이 죽임을 당한 자 가운데에 엎
드러질 것임이여 그는 칼에 넘겨진
바 되었은즉 그와 그 모든 무리를 끌
지어다
21 용사 가운데에 강한 자가 그를 돕는
자와 함께 스올 가운데에서 그에게
말함이여 할례를 받지 아니한 자 곧
칼에 죽임을 당한 자들이 내려와서

16】

17】

18】

19】

20】

21】

가만히 누웠다 하리로다
22 ○ 거기에 앗수르와 그 온 무리가 있
음이여 다 죽임을 당하여 칼에 엎드
러진 자라 그 무덤이 그 사방에 있도다
23 그 무덤이 구덩이 깊은 곳에 만들어
졌고 그 무리가 그 무덤 사방에 있음
이여 그들은 다 죽임을 당하여 칼에
엎드러진 자 곧 생존하는 사람들의
세상에서 사람을 두렵게 하던 자로다
24 ○ 거기에 엘람이 있고 그 모든 무리
가 그 무덤 사방에 있음이여 그들은
다 할례를 받지 못하고 죽임을 당하
여 칼에 엎드러져 지하에 내려간 자
로다 그들이 생존하는 사람들의 세상
에서 두렵게 하였으나 이제는 구덩이
에 내려가는 자와 함께 수치를 당하
였도다
25 그와 그 모든 무리를 위하여 죽임을
당한 자 가운데에 침상을 놓았고 그
여러 무덤은 사방에 있음이여 그들은
다 할례를 받지 못하고 칼에 죽임을
당한 자로다 그들이 생존하는 사람들
의 세상에서 두렵게 하였으나 이제는
구덩이에 내려가는 자와 함께 수치를
당하고 죽임을 당한 자 가운데에 뉘
었도다
26 ○ 거기에 메섹과 두발과 그 모든 무

22】

23】

24】

25】

26】

리가 있고 그 여러 무덤은 사방에 있
음이여 그들은 다 할례를 받지 못하
고 칼에 죽임을 당한 자로다 그들이
생존하는 사람들의 세상에서 두렵게
하였으나
27 그들이 할례를 받지 못한 자 가운데
에 이미 엎드러진 용사와 함께 누운
것이 마땅하지 아니하냐 이 용사들
은 다 무기를 가지고 스올에 내려가
서 자기의 칼을 베개로 삼았으니 그
백골이 자기 죄악을 졌음이여 생존하
는 사람들의 세상에서 용사의 두려움
이 있던 자로다
28 오직 너는 할례를 받지 못한 자와 함
께 패망할 것임이여 칼에 죽임을 당
한 자와 함께 누우리로다
29 ○ 거기에 에돔 곧 그 왕들과 그 모
든 고관이 있음이여 그들이 강성하였
었으나 칼에 죽임을 당한 자와 함께
있겠고 할례를 받지 못하고 구덩이에
내려간 자와 함께 누우리로다
30 거기에 죽임을 당한 자와 함께 내려
간 북쪽 모든 방백과 모든 시돈 사람
이 있음이여 그들이 본래는 강성하였
으므로 두렵게 하였으나 이제는 부끄
러움을 품고 할례를 받지 못하고 칼
에 죽임을 당한 자와 함께 누웠고 구

27】

28】

29】

30】

덩이에 내려가는 자와 함께 수치를
당하였도다
31 ○ 바로가 그들을 보고 그 모든 무리로
말미암아 위로를 받을 것임이여 칼에
죽임을 당한 바로와 그 온 군대가 그러
하리로다 주 여호와의 말씀이니라
32 내가 바로로 하여금 생존하는 사람들
의 세상에서 사람을 두렵게 하게 하
였으나 이제는 그가 그 모든 무리와
더불어 할례를 받지 못한 자 곧 칼에
죽임을 당한 자와 함께 누이리로다
주 여호와의 말씀이니라

31】

32】

여호와께서 에스겔을 파수꾼으로 삼으시다 (겔 3:16-21)

33 1 여호와의 말씀이 내게 임하여 이
르시되
2 인자야 너는 네 민족에게 말하여 이
르라 가령 내가 칼을 한 땅에 임하게
한다 하자 그 땅 백성이 자기들 가운
데의 하나를 택하여 파수꾼을 삼은
3 그 사람이 그 땅에 칼이 임함을 보고
나팔을 불어 백성에게 경고하되
4 그들이 나팔 소리를 듣고도 정신차리
지 아니하므로 그 임하는 칼에 제거
함을 당하면 그 피가 자기의 머리로
돌아갈 것이라
5 그가 경고를 받았던들 자기 생명을

1】

2】

3】

4】

5】

보전하였을 것이나 나팔 소리를 듣고
도 경고를 받지 아니하였으니 그 피
가 자기에게로 돌아가리라
6 그러나 칼이 임함을 파수꾼이 보고도
나팔을 불지 아니하여 백성에게 경고
하지 아니하므로 그 중의 한 사람이
그 임하는 칼에 제거 당하면 그는 자
기 죄악으로 말미암아 제거되려니와
그 죄는 내가 파수꾼의 손에서 찾으
리라
7 ○ 인자야 내가 너를 이스라엘 족속
의 파수꾼으로 삼음이 이와 같으니라
그런즉 너는 내 입의 말을 듣고 나를
대신하여 그들에게 경고할지어다
8 가령 내가 악인에게 이르기를 악인아
너는 반드시 죽으리라 하였다 하자
네가 그 악인에게 말로 경고하여 그
의 길에서 떠나게 하지 아니하면 그
악인은 자기 죄악으로 말미암아 죽으
려니와 내가 그의 피를 네 손에서 찾
으리라
9 그러나 너는 악인에게 경고하여 돌이
켜 그의 길에서 떠나라고 하되 그가
돌이켜 그의 길에서 떠나지 아니하면
그는 자기 죄악으로 말미암아 죽으려
니와 너는 네 생명을 보전하리라

6】

7】

8】

9】

의인의 범죄와 악인의 회개

10 ○ 그런즉 인자야 너는 이스라엘 족
속에게 이르기를 너희가 말하여 이르
되 우리의 허물과 죄가 이미 우리에게
있어 우리로 그 가운데에서 쇠퇴하게
하니 어찌 능히 살리요 하거니와
11 너는 그들에게 말하라 주 여호와의
말씀이니라 나의 삶을 두고 맹세하노
니 나는 악인이 죽는 것을 기뻐하지
아니하고 악인이 그의 길에서 돌이켜
떠나 사는 것을 기뻐하노라 이스라엘
족속아 돌이키고 돌이키라 너희 악한
길에서 떠나라 어찌 죽고자 하느냐
하셨다 하라
12 인자야 너는 네 민족에게 이르기를
의인이 범죄하는 날에는 그 공의가
구원하지 못할 것이요 악인이 돌이켜
그 악에서 떠나는 날에는 그 악이 그
를 엎드러뜨리지 못할 것인즉 의인이
범죄하는 날에는 그 의로 말미암아
살지 못하리라
13 가령 내가 의인에게 말하기를 너는
살리라 하였다 하자 그가 그 공의를
스스로 믿고 죄악을 행하면 그 모든
의로운 행위가 하나도 기억되지 아니
하리니 그가 그 지은 죄악으로 말미
암아 곧 그 안에서 죽으리라

10】

11】

12】

13】

14 가령 내가 악인에게 말하기를 너는
죽으리라 하였다 하자 그가 돌이켜
자기의 죄에서 떠나서 정의와 공의로
행하여
15 저당물을 도로 주며 강탈한 물건을
돌려 보내고 생명의 율례를 지켜 행
하여 죄악을 범하지 아니하면 그가
반드시 살고 죽지 아니할지라
16 그가 본래 범한 모든 죄가 기억되지
아니하리니 그가 반드시 살리라 이는
정의와 공의를 행하였음이라 하라
17 ○ 그래도 네 민족은 말하기를 주의
길이 바르지 아니하다 하는도다 그러
나 실상은 그들의 길이 바르지 아니
하니라
18 만일 의인이 돌이켜 그 공의에서 떠
나 죄악을 범하면 그가 그 가운데에
서 죽을 것이고
19 만일 악인이 돌이켜 그 악에서 떠나
정의와 공의대로 행하면 그가 그로
말미암아 살리라
20 그러나 너희가 이르기를 주의 길이
바르지 아니하다 하는도다 이스라엘
족속아 나는 너희가 각기 행한 대로
심판하리라 하시니라

예루살렘의 함락 소식

21 ○ 우리가 사로잡힌 지 열두째 해 열

14】

15】

16】

17】

18】

19】

20】

21】

째 달 다섯째 날에 예루살렘에서부터
도망하여 온 자가 내게 나아와 말하
기를 그 성이 함락되었다 하였는데
22 그 도망한 자가 내게 나아오기 전날 22】
저녁에 여호와의 손이 내게 임하여
내 입을 여시더니 다음 아침 그 사람
이 내게 나아올 그 때에 내 입이 열리
기로 내가 다시는 잠잠하지 아니하였
노라

백성의 죄와 여호와의 맹세

23 ○ 여호와의 말씀이 내게 임하여 이 23】
르시되
24 인자야 이 이스라엘의 이 황폐한 땅 24】
에 거주하는 자들이 말하여 이르기를
아브라함은 오직 한 사람이라도 이
땅을 기업으로 얻었나니 우리가 많은
즉 더욱 이 땅을 우리에게 기업으로
주신 것이 되느니라 하는도다
25 그러므로 너는 그들에게 이르기를 주 25】
여호와께서 이같이 말씀하시되 너희
가 고기를 피째 먹으며 너희 우상들
에게 눈을 들며 피를 흘리니 그 땅이
너희의 기업이 될까보냐
26 너희가 칼을 믿어 가증한 일을 행하 26】
며 각기 이웃의 아내를 더럽히니 그
땅이 너희의 기업이 될까보냐 하고
27 너는 그들에게 이르기를 주 여호와 27】

께서 이같이 말씀하시되 내가 나의
삶을 두고 맹세하노니 황무지에 있
는 자는 칼에 엎드러뜨리고 들에 있
는 자는 들짐승에게 넘겨 먹히게 하
고 산성과 굴에 있는 자는 전염병에
죽게 하리라
28 내가 그 땅이 황무지와 공포의 대상
이 되게 하고 그 권능의 교만을 그치
게 하리니 이스라엘의 산들이 황폐하
여 지나갈 사람이 없으리라
29 내가 그들이 행한 모든 가증한 일로
말미암아 그 땅을 황무지와 공포의
대상이 되게 하면 그 때에 내가 여호
와인 줄을 그들이 알리라 하라

선지자의 말과 백성

30 ○ 인자야 네 민족이 담 곁에서와 집
문에서 너에 대하여 말하며 각각 그
형제와 더불어 말하여 이르기를 자,
가서 여호와께로부터 무슨 말씀이 나
오는가 들어 보자 하고
31 백성이 모이는 것 같이 네게 나아오
며 내 백성처럼 네 앞에 앉아서 네 말
을 들으나 그대로 행하지 아니하니
이는 그 입으로는 사랑을 나타내어도
마음으로는 이익을 따름이라
32 그들은 네가 고운 음성으로 사랑의
노래를 하며 음악을 잘하는 자 같이

28】

29】

30】

31】

32】

여겼나니 네 말을 듣고도 행하지 아
니하거니와
33 그 말이 응하리니 응할 때에는 그들
이 한 선지자가 자기 가운데에 있었
음을 알리라

33】

자기만 먹는 이스라엘 목자들

34
1 여호와의 말씀이 내게 임하여 이
르시되
2 인자야 너는 이스라엘 목자들에게 예
언하라 그들 곧 목자들에게 예언하여
이르기를 주 여호와께서 이같이 말씀
하시되 자기만 먹는 이스라엘 목자들
은 화 있을진저 목자들이 양 떼를 먹
이는 것이 마땅하지 아니하냐
3 너희가 살진 양을 잡아 그 기름을 먹
으며 그 털을 입되 양 떼는 먹이지 아
니하는도다
4 너희가 그 연약한 자를 강하게 아니
하며 병든 자를 고치지 아니하며 상
한 자를 싸매 주지 아니하며 쫓기는
자를 돌아오게 하지 아니하며 잃어버
린 자를 찾지 아니하고 다만 포악으
로 그것들을 다스렸도다
5 목자가 없으므로 그것들이 흩어지고 흩
어져서 모든 들짐승의 밥이 되었도다
6 내 양 떼가 모든 산과 높은 멧부리에

1】
2】
3】
4】
5】
6】

마다 유리되었고 내 양 떼가 온 지면
에 흩어졌으되 찾고 찾는 자가 없었
도다

여호와께서 양 떼를 구원하시리라

7 ○ 그러므로 목자들아 여호와의 말씀
을 들을지어다
8 주 여호와의 말씀에 내가 나의 삶을
두고 맹세하노라 내 양 떼가 노략 거
리가 되고 모든 들짐승의 밥이 된 것
은 목자가 없기 때문이라 내 목자들이
내 양을 찾지 아니하고 자기만 먹이고
내 양 떼를 먹이지 아니하였도다
9 그러므로 너희 목자들아 여호와의 말
씀을 들을지어다
10 주 여호와께서 이같이 말씀하시되 내
가 목자들을 대적하여 내 양 떼를 그
들의 손에서 찾으리니 목자들이 양을
먹이지 못할 뿐 아니라 그들이 다시
는 자기도 먹이지 못할지라 내가 내
양을 그들의 입에서 건져내어서 다시
는 그 먹이가 되지 아니하게 하리라
11 주 여호와께서 이같이 말씀하셨느니
라 나 곧 내가 내 양을 찾고 찾되
12 목자가 양 가운데에 있는 날에 양이
흩어졌으면 그 떼를 찾는 것 같이 내
가 내 양을 찾아서 흐리고 캄캄한 날
에 그 흩어진 모든 곳에서 그것들을

7】

8】

9】

10】

11】

12】

건져낼지라
13 내가 그것들을 만민 가운데에서 끌어
내며 여러 백성 가운데에서 모아 그
본토로 데리고 가서 이스라엘 산 위
에와 시냇가에와 그 땅 모든 거주지
에서 먹이되
14 좋은 꼴을 먹이고 그 우리를 이스라
엘 높은 산에 두리니 그것들이 그 곳
에 있는 좋은 우리에 누워 있으며 이
스라엘 산에서 살진 꼴을 먹으리라
15 내가 친히 내 양의 목자가 되어 그것
들을 누워 있게 할지라 주 여호와의
말씀이니라
16 그 잃어버린 자를 내가 찾으며 쫓기는
자를 내가 돌아오게 하며 상한 자를 내
가 싸매 주며 병든 자를 내가 강하게
하려니와 살진 자와 강한 자는 내가 없
애고 정의대로 그것들을 먹이리라
17 ○ 주 여호와께서 이같이 말씀하셨느
니라 나의 양 떼 너희여 내가 양과 양
사이와 숫양과 숫염소 사이에서 심판
하노라
18 너희가 좋은 꼴을 먹는 것을 작은 일
로 여기느냐 어찌하여 남은 꼴을 발
로 밟았느냐 너희가 맑은 물을 마시
는 것을 작은 일로 여기느냐 어찌하
여 남은 물을 발로 더럽혔느냐

13】

14】

15】

16】

17】

18】

19 나의 양은 너희 발로 밟은 것을 먹으
며 너희 발로 더럽힌 것을 마시는도
다 하셨느니라
20 ○ 그러므로 주 여호와께서 그들에게
이같이 말씀하시되 나 곧 내가 살진
양과 파리한 양 사이에서 심판하리라
21 너희가 옆구리와 어깨로 밀어뜨리고
모든 병든 자를 뿔로 받아 무리를 밖
으로 흩어지게 하는도다
22 그러므로 내가 내 양 떼를 구원하여
그들로 다시는 노략 거리가 되지 아니
하게 하고 양과 양 사이에 심판하리라
23 내가 한 목자를 그들 위에 세워 먹이
게 하리니 그는 내 종 다윗이라 그가
그들을 먹이고 그들의 목자가 될지라
24 나 여호와는 그들의 하나님이 되고
내 종 다윗은 그들 중에 왕이 되리라
나 여호와의 말이니라
25 ○ 내가 또 그들과 화평의 언약을 맺
고 악한 짐승을 그 땅에서 그치게 하
리니 그들이 빈 들에 평안히 거하며
수풀 가운데에서 잘지라
26 내가 그들에게 복을 내리고 내 산 사
방에 복을 내리며 때를 따라 소낙비
를 내리되 복된 소낙비를 내리리라
27 그리한즉 밭에 나무가 열매를 맺으며
땅이 그 소산을 내리니 그들이 그 땅

19】

20】

21】

22】

23】

24】

25】

26】

27】

에서 평안할지라 내가 그들의 멍에의
나무를 꺾고 그들을 종으로 삼은 자
의 손에서 그들을 건져낸 후에 내가
여호와인 줄을 그들이 알겠고
28 그들이 다시는 이방의 노략 거리가
되지 아니하며 땅의 짐승들에게 잡아
먹히지도 아니하고 평안히 거주하리
니 놀랠 사람이 없으리라
29 내가 그들을 위하여 파종할 좋은 땅을
일으키리니 그들이 다시는 그 땅에서
기근으로 멸망하지 아니할지며 다시는
여러 나라의 수치를 받지 아니할지라
30 그들이 내가 여호와 그들의 하나님이
며 그들과 함께 있는 줄을 알고 그들
곧 이스라엘 족속이 내 백성인 줄 알
리라 주 여호와의 말씀이라
31 내 양 곧 내 초장의 양 너희는 사람이
요 나는 너희 하나님이라 주 여호와
의 말씀이니라

28】
29】
30】
31】

세일 산과 에돔이 황무하리라

35
1 또 여호와의 말씀이 내게 임하여
이르시되
2 인자야 네 얼굴을 세일 산으로 향하
고 그에게 예언하여
3 이르기를 주 여호와께서 이같이 말씀
하시되 세일 산아 내가 너를 대적하

1】
2】
3】

여 내 손을 네 위에 펴서 네가 황무지
와 공포의 대상이 되게 할지라
4 내가 네 성읍들을 무너뜨리며 네가
황폐하게 되리니 네가 나를 여호와인
줄을 알리라
5 네가 옛날부터 한을 품고 이스라엘
족속의 환난 때 곧 죄악의 마지막 때
에 칼의 위력에 그들을 넘겼도다
6 그러므로 주 여호와의 말씀이니라 내
가 나의 삶을 두고 맹세하노니 내가
너에게 피를 만나게 한즉 피가 너를
따르리라 네가 피를 미워하지 아니하
였은즉 피가 너를 따르리라
7 내가 세일 산이 황무지와 폐허가 되게
하여 그 위에 왕래하는 자를 다 끊을
지라
8 내가 그 죽임 당한 자를 그 여러 산에
채우되 칼에 죽임 당한 자를 네 여러
멧부리와, 골짜기와, 모든 시내에 엎
드러지게 하고
9 너를 영원히 황폐하게 하여 네 성읍
들에 다시는 거주하는 자가 없게 하리
니 내가 여호와인 줄을 너희가 알리라
10 ○ 네가 말하기를 이 두 민족과 두 땅
은 다 내 것이며 내 기업이 되리라 하
였도다 그러나 여호와께서 거기에 계
셨느니라

4】

5】

6】

7】

8】

9】

10】

년 월 일

11 그러므로 주 여호와의 말씀이니라 내
가 나의 삶을 두고 맹세하노니 네가
그들을 미워하여 노하며 질투한 대로
내가 네게 행하여 너를 심판할 때에
그들이 나를 알게 하리라
12 네가 이스라엘 산들을 가리켜 말하기
를 저 산들이 황폐하였으므로 우리에
게 넘겨 주어서 삼키게 되었다 하여
욕하는 모든 말을 나 여호와가 들은
줄을 네가 알리로다
13 너희가 나를 대적하여 입으로 자랑하
며 나를 대적하여 여러 가지로 말한
것을 내가 들었노라
14 주 여호와께서 이같이 말씀하셨느니
라 온 땅이 즐거워할 때에 내가 너를
황폐하게 하되
15 이스라엘 족속의 기업이 황폐하므로
네가 즐거워한 것 같이 내가 너를 황
폐하게 하리라 세일 산아 너와 에돔
온 땅이 황폐하리니 내가 여호와인
줄을 무리가 알리라 하셨다 하라

11】

12】

13】

14】

15】

이스라엘이 받을 복

36

1 인자야 너는 이스라엘 산들에게
예언하여 이르기를 이스라엘 산들
아 여호와의 말씀을 들으라
2 주 여호와께서 이같이 말씀하시기를

1】

2】

원수들이 네게 대하여 말하기를 아하
옛적 높은 곳이 우리의 기업이 되었
도다 하였느니라
3 그러므로 너는 예언하여 이르기를 주
여호와께서 이같이 말씀하시기를 그
들이 너희를 황폐하게 하고 너희 사
방을 삼켜 너희가 남은 이방인의 기
업이 되게 하여 사람의 말 거리와 백
성의 비방 거리가 되게 하였도다
4 그러므로 이스라엘 산들아 주 여호와
의 말씀을 들을지어다 산들과 멧부리
들과 시내들과 골짜기들과 황폐한 사
막들과 사방에 남아 있는 이방인의
노략 거리와 조롱 거리가 된 버린 성
읍들에게 주 여호와께서 이같이 말씀
하셨느니라
5 주 여호와께서 이같이 말씀하시기를
내가 진실로 내 맹렬한 질투로 남아
있는 이방인과 에돔 온 땅을 쳐서 말
하였노니 이는 그들이 심히 즐거워하
는 마음과 멸시하는 심령으로 내 땅
을 빼앗아 노략하여 자기 소유를 삼
았음이라
6 그러므로 너는 이스라엘 땅에 대하여
예언하되 그 산들과 멧부리들과 시내
들과 골짜기들에 관하여 이르기를 주
여호와께서 이같이 말씀하시기를 내

3】

4】

5】

6】

가 내 질투와 내 분노로 말하였나니
이는 너희가 이방의 수치를 당하였음
이라
7 그러므로 주 여호와께서 이같이 말씀
하시기를 내가 맹세하였은즉 너희 사
방에 있는 이방인이 자신들의 수치를
반드시 당하리라
8 그러나 너희 이스라엘 산들아 너희는
가지를 내고 내 백성 이스라엘을 위
하여 열매를 맺으리니 그들이 올 때
가 가까이 이르렀음이라
9 내가 돌이켜 너희와 함께 하리니 사
람이 너희를 갈고 심을 것이며
10 내가 또 사람을 너희 위에 많게 하리
니 이들은 이스라엘 온 족속이라 그
들을 성읍들에 거주하게 하며 빈 땅
에 건축하게 하리라
11 내가 너희 위에 사람과 짐승을 많게
하되 그들의 수가 많고 번성하게 할
것이라 너희 전 지위대로 사람이 거
주하게 하여 너희를 처음보다 낫게
대우하리니 내가 여호와인 줄을 너희
가 알리라
12 내가 사람을 너희 위에 다니게 하리
니 그들은 내 백성 이스라엘이라 그
들은 너를 얻고 너는 그 기업이 되어
다시는 그들이 자식들을 잃어버리지

7】

8】

9】

10】

11】

12】

않게 하리라
13 주 여호와께서 이같이 말씀하셨느니
라 그들이 너희에게 이르기를 너는
사람을 삼키는 자요 네 나라 백성을
제거한 자라 하거니와
14 네가 다시는 사람을 삼키지 아니하며
다시는 네 나라 백성을 제거하지 아
니하리라 주 여호와의 말씀이니라
15 내가 또 너를 여러 나라의 수치를
듣지 아니하게 하며 만민의 비방을
다시 받지 아니하게 하며 네 나라 백
성을 다시 넘어뜨리지 아니하게 하
리라 주 여호와의 말씀이니라 하셨다
하라

이스라엘을 정결하게 하시다

16 ○ 여호와의 말씀이 또 내게 임하여
이르시되
17 인자야 이스라엘 족속이 그들의 고국
땅에 거주할 때에 그들의 행위로 그
땅을 더럽혔나니 나 보기에 그 행위
가 월경 중에 있는 여인의 부정함과
같았느니라
18 그들이 땅 위에 피를 쏟았으며 그 우
상들로 말미암아 자신들을 더럽혔으
므로 내가 분노를 그들 위에 쏟아
19 그들을 그 행위대로 심판하여 각국에
흩으며 여러 나라에 헤쳤더니

13】

14】

15】

16】

17】

18】

19】

20 그들이 이른바 그 여러 나라에서 내
거룩한 이름이 그들로 말미암아 더러
워졌나니 곧 사람들이 그들을 가리켜
이르기를 이들은 여호와의 백성이라
도 여호와의 땅에서 떠난 자라 하였
음이라
21 그러나 이스라엘 족속이 들어간 그
여러 나라에서 더럽힌 내 거룩한 이
름을 내가 아꼈노라
22 ○ 그러므로 너는 이스라엘 족속에게
이르기를 주 여호와께서 이같이 말씀
하시기를 이스라엘 족속아 내가 이렇
게 행함은 너희를 위함이 아니요 너
희가 들어간 그 여러 나라에서 더럽
힌 나의 거룩한 이름을 위함이라
23 여러 나라 가운데에서 더럽혀진 이름
곧 너희가 그들 가운데에서 더럽힌
나의 큰 이름을 내가 거룩하게 할지
라 내가 그들의 눈 앞에서 너희로 말
미암아 나의 거룩함을 나타내리니 내
가 여호와인 줄을 여러 나라 사람이
알리라 주 여호와의 말씀이니라
24 내가 너희를 여러 나라 가운데에서
인도하여 내고 여러 민족 가운데에서
모아 데리고 고국 땅에 들어가서
25 맑은 물을 너희에게 뿌려서 너희로
정결하게 하되 곧 너희 모든 더러운

20】

21】

22】

23】

24】

25】

것에서와 모든 우상 숭배에서 너희를
정결하게 할 것이며
26 또 새 영을 너희 속에 두고 새 마음
을 너희에게 주되 너희 육신에서 굳
은 마음을 제거하고 부드러운 마음을
줄 것이며
27 또 내 영을 너희 속에 두어 너희로 내
율례를 행하게 하리니 너희가 내 규
례를 지켜 행할지라
28 내가 너희 조상들에게 준 땅에서 너
희가 거주하면서 내 백성이 되고 나
는 너희 하나님이 되리라
29 내가 너희를 모든 더러운 데에서 구
원하고 곡식이 풍성하게 하여 기근이
너희에게 닥치지 아니하게 할 것이며
30 또 나무의 열매와 밭의 소산을 풍성
하게 하여 너희가 다시는 기근의 욕
을 여러 나라에게 당하지 아니하게
하리니
31 그 때에 너희가 너희 악한 길과 너희
좋지 못한 행위를 기억하고 너희 모
든 죄악과 가증한 일로 말미암아 스
스로 밉게 보리라
32 ○ 주 여호와의 말씀이니라 내가 이
렇게 행함은 너희를 위함이 아닌 줄
을 너희가 알리라 이스라엘 족속아
너희 행위로 말미암아 부끄러워하고

26】

27】

28】

29】

30】

31】

32】

한탄할지어다
33 주 여호와께서 이같이 말씀하셨느니 33】
라 내가 너희를 모든 죄악에서 정결
하게 하는 날에 성읍들에 사람이 거
주하게 하며 황폐한 것이 건축되게
할 것인즉
34 전에는 지나가는 자의 눈에 황폐하게 34】
보이던 그 황폐한 땅이 장차 경작이
될지라
35 사람이 이르기를 이 땅이 황폐하더니 35】
이제는 에덴 동산 같이 되었고 황량
하고 적막하고 무너진 성읍들에 성벽
과 주민이 있다 하리니
36 너희 사방에 남은 이방 사람이 나 여 36】
호와가 무너진 곳을 건축하며 황폐한
자리에 심은 줄을 알리라 나 여호와
가 말하였으니 이루리라
37 ○ 주 여호와께서 이같이 말씀하셨느 37】
니라 그래도 이스라엘 족속이 이같이
자기들에게 이루어 주기를 내게 구하
여야 할지라 내가 그들의 수효를 양
떼 같이 많아지게 하되
38 제사 드릴 양 떼 곧 예루살렘이 정한 38】
절기의 양 무리 같이 황폐한 성읍을
사람의 떼로 채우리라 그리한즉 그들
이 나를 여호와인 줄 알리라 하셨느
니라

년 월 일

마른 뼈들이 살아나다

37

1 여호와께서 권능으로 내게 임재
하시고 그의 영으로 나를 데리고
가서 골짜기 가운데 두셨는데 거기
뼈가 가득하더라
2 나를 그 뼈 사방으로 지나가게 하시
기로 본즉 그 골짜기 지면에 뼈가 심
히 많고 아주 말랐더라
3 그가 내게 이르시되 인자야 이 뼈들
이 능히 살 수 있겠느냐 하시기로 내
가 대답하되 주 여호와여 주께서 아
시나이다
4 또 내게 이르시되 너는 이 모든 뼈에
게 대언하여 이르기를 너희 마른 뼈
들아 여호와의 말씀을 들을지어다
5 주 여호와께서 이 뼈들에게 이같이
말씀하시기를 내가 생기를 너희에게
들어가게 하리니 너희가 살아나리라
6 너희 위에 힘줄을 두고 살을 입히고
가죽으로 덮고 너희 속에 생기를 넣으
리니 너희가 살아나리라 또 내가 여호
와인 줄 너희가 알리라 하셨다 하라
7 ○ 이에 내가 명령을 따라 대언하니
대언할 때에 소리가 나고 움직이며
이 뼈, 저 뼈가 들어 맞아 뼈들이 서로
연결되더라
8 내가 또 보니 그 뼈에 힘줄이 생기고

1】

2】

3】

4】

5】

6】

7】

8】

살이 오르며 그 위에 가죽이 덮이나
그 속에 생기는 없더라
9 또 내게 이르시되 인자야 너는 생기
를 향하여 대언하라 생기에게 대언하
여 이르기를 주 여호와께서 이같이
말씀하시기를 생기야 사방에서부터
와서 이 죽음을 당한 자에게 불어서
살아나게 하라 하셨다 하라
10 이에 내가 그 명령대로 대언하였더니
생기가 그들에게 들어가매 그들이 곧
살아나서 일어나 서는데 극히 큰 군
대더라
11 ○ 또 내게 이르시되 인자야 이 뼈들
은 이스라엘 온 족속이라 그들이 이
르기를 우리의 뼈들이 말랐고 우리의
소망이 없어졌으니 우리는 다 멸절되
었다 하느니라
12 그러므로 너는 대언하여 그들에게 이
르기를 주 여호와께서 이같이 말씀하
시기를 내 백성들아 내가 너희 무덤
을 열고 너희로 거기에서 나오게 하
고 이스라엘 땅으로 들어가게 하리라
13 내 백성들아 내가 너희 무덤을 열고
너희로 거기에서 나오게 한즉 너희는
내가 여호와인 줄을 알리라
14 내가 또 내 영을 너희 속에 두어 너희
가 살아나게 하고 내가 또 너희를 너

9】
10】
11】
12】
13】
14】

희 고국 땅에 두리니 나 여호와가 이
일을 말하고 이룬 줄을 너희가 알리
라 여호와의 말씀이니라

유다와 이스라엘의 통일

15 ○ 여호와의 말씀이 또 내게 임하여
이르시되
16 인자야 너는 막대기 하나를 가져다가
그 위에 유다와 그 짝 이스라엘 자손
이라 쓰고 또 다른 막대기 하나를 가
지고 그 위에 에브라임의 막대기 곧
요셉과 그 짝 이스라엘 온 족속이라
쓰고
17 그 막대기들을 서로 합하여 하나가
되게 하라 네 손에서 둘이 하나가 되
리라
18 네 민족이 네게 말하여 이르기를 이
것이 무슨 뜻인지 우리에게 말하지
아니하겠느냐 하거든
19 너는 곧 이르기를 주 여호와께서 이
같이 말씀하시기를 내가 에브라임의
손에 있는 바 요셉과 그 짝 이스라엘
지파들의 막대기를 가져다가 유다의
막대기에 붙여서 한 막대기가 되게
한즉 내 손에서 하나가 되리라 하셨
다 하고
20 너는 그 글 쓴 막대기들을 무리의 눈
앞에서 손에 잡고

15】
16】
17】
18】
19】
20】

21 그들에게 이르기를 주 여호와께서 이
같이 말씀하시기를 내가 이스라엘 자
손을 잡혀 간 여러 나라에서 인도하
며 그 사방에서 모아서 그 고국 땅으
로 돌아가게 하고
22 그 땅 이스라엘 모든 산에서 그들이
한 나라를 이루어서 한 임금이 모두
다스리게 하리니 그들이 다시는 두
민족이 되지 아니하며 두 나라로 나
누이지 아니할지라
23 그들이 그 우상들과 가증한 물건과
그 모든 죄악으로 더 이상 자신들을
더럽히지 아니하리라 내가 그들을 그
범죄한 모든 처소에서 구원하여 정결
하게 한즉 그들은 내 백성이 되고 나
는 그들의 하나님이 되리라
24 ○ 내 종 다윗이 그들의 왕이 되리니
그들 모두에게 한 목자가 있을 것이
라 그들이 내 규례를 준수하고 내 율
례를 지켜 행하며
25 내가 내 종 야곱에게 준 땅 곧 그의 조
상들이 거주하던 땅에 그들이 거주하
되 그들과 그들의 자자 손손이 영원
히 거기에 거주할 것이요 내 종 다윗
이 영원히 그들의 왕이 되리라
26 내가 그들과 화평의 언약을 세워서 영
원한 언약이 되게 하고 또 그들을 견

21】

22】

23】

24】

25】

26】

고하고 번성하게 하며 내 성소를 그 가
운데에 세워서 영원히 이르게 하리니
27 내 처소가 그들 가운데에 있을 것이
며 나는 그들의 하나님이 되고 그들
은 내 백성이 되리라
28 내 성소가 영원토록 그들 가운데에
있으리니 내가 이스라엘을 거룩하게
하는 여호와인 줄을 열국이 알리라
하셨다 하라

27】

28】

하나님의 도구 곡

38 1 여호와의 말씀이 내게 임하여 이
르시되
2 인자야 너는 마곡 땅에 있는 로스와
메섹과 두발 왕 곧 곡에게로 얼굴을
향하고 그에게 예언하여
3 이르기를 주 여호와께서 이같이 말씀
하시기를 로스와 메섹과 두발 왕 곡
아 내가 너를 대적하여
4 너를 돌이켜 갈고리로 네 아가리를
꿰고 너와 말과 기마병 곧 네 온 군대
를 끌어내되 완전한 갑옷을 입고 큰
방패와 작은 방패를 가지며 칼을 잡
은 큰 무리와
5 그들과 함께 한 방패와 투구를 갖춘
바사와 구스와 붓과
6 고멜과 그 모든 떼와 북쪽 끝의 도갈

1】

2】

3】

4】

5】

6】

마 족속과 그 모든 떼 곧 많은 백성의
무리를 너와 함께 끌어내리라
7 ○ 너는 스스로 예비하되 너와 네게
모인 무리들이 다 스스로 예비하고
너는 그들의 우두머리가 될지어다
8 여러 날 후 곧 말년에 네가 명령을 받고
그 땅 곧 오래 황폐하였던 이스라엘 산
에 이르리니 그 땅 백성은 칼을 벗어나
서 여러 나라에서 모여 들어오며 이방
에서 나와 다 평안히 거주하는 중이라
9 네가 올라오되 너와 네 모든 떼와 너
와 함께 한 많은 백성이 광풍 같이 이
르고 구름 같이 땅을 덮으리라
10 ○ 주 여호와께서 이같이 말씀하셨느
니라 그 날에 네 마음에서 여러 가지
생각이 나서 악한 꾀를 내어
11 말하기를 내가 평원의 고을들로 올
라 가리라 성벽도 없고 문이나 빗장
이 없어도 염려 없이 다 평안히 거주
하는 백성에게 나아가서
12 물건을 겁탈하며 노략하리라 하고 네
손을 들어서 황폐하였다가 지금 사람
이 거주하는 땅과 여러 나라에서 모
여서 짐승과 재물을 얻고 세상 중앙
에 거주하는 백성을 치고자 할 때에
13 스바와 드단과 다시스의 상인과 그
부자들이 네게 이르기를 네가 탈취

7】

8】

9】

10】

11】

12】

13】

하러 왔느냐 네가 네 무리를 모아 노
략하고자 하느냐 은과 금을 빼앗으며
짐승과 재물을 빼앗으며 물건을 크게
약탈하여 가고자 하느냐 하리라
14 인자야 너는 또 예언하여 곡에게 이
르기를 주 여호와께서 이같이 말씀하
시기를 내 백성 이스라엘이 평안히
거주하는 날에 네가 어찌 그것을 알
지 못하겠느냐
15 네가 네 고국 땅 북쪽 끝에서 많은 백
성 곧 다 말을 탄 큰 무리와 능한 군대
와 함께 오되
16 구름이 땅을 덮음 같이 내 백성 이스
라엘을 치러 오리라 곡아 끝 날에 내
가 너를 이끌어다가 내 땅을 치게 하
리니 이는 내가 너로 말미암아 이방
사람의 눈 앞에서 내 거룩함을 나타내
어 그들이 다 나를 알게 하려 함이라

곡의 심판

17 ○ 주 여호와께서 이같이 말씀하셨느
니라 내가 옛적에 내 종 이스라엘 선
지자들을 통하여 말한 사람이 네가
아니냐 그들이 그 때에 여러 해 동안
예언하기를 내가 너를 이끌어다가 그
들을 치게 하리라
18 그 날에 곡이 이스라엘 땅을 치러 오
면 내 노여움이 내 얼굴에 나타나리

14】

15】

16】

17】

18】

라 주 여호와의 말씀이니라
19 내가 질투와 맹렬한 노여움으로 말하
였거니와 그 날에 큰 지진이 이스라
엘 땅에 일어나서
20 바다의 고기들과 공중의 새들과 들의
짐승들과 땅에 기는 모든 벌레와 지면
에 있는 모든 사람이 내 앞에서 떨 것
이며 모든 산이 무너지며 절벽이 떨
어지며 모든 성벽이 땅에 무너지리라
21 주 여호와의 말씀이니라 내가 내 모
든 산 중에서 그를 칠 칼을 부르리니
각 사람이 칼로 그 형제를 칠 것이며
22 내가 또 전염병과 피로 그를 심판하
며 쏟아지는 폭우와 큰 우박덩이와
불과 유황으로 그와 그 모든 무리와
그와 함께 있는 많은 백성에게 비를
내리듯 하리라
23 이같이 내가 여러 나라의 눈에 내 위
대함과 내 거룩함을 나타내어 나를
알게 하리니 내가 여호와인 줄을 그
들이 알리라

19】

20】

21】

22】

23】

침략자 곡의 멸망

39 1 그러므로 인자야 너는 곡에게 예
언하여 이르기를 주 여호와께서
이같이 말씀하시되 로스와 메섹과 두
발 왕 곡아 내가 너를 대적하여

1】

2 너를 돌이켜서 이끌고 북쪽 끝에서부
터 나와서 이스라엘 산 위에 이르러
3 네 활을 쳐서 네 왼손에서 떨어뜨리
고 네 화살을 네 오른손에서 떨어뜨
리리니
4 너와 네 모든 무리와 너와 함께 있는
백성이 다 이스라엘 산 위에 엎드러
지리라 내가 너를 각종 사나운 새와
들짐승에게 넘겨 먹게 하리니
5 네가 빈 들에 엎드러지리라 이는 내
가 말하였음이니라 주 여호와의 말씀
이니라
6 내가 또 불을 마곡과 및 섬에 평안히
거주하는 자에게 내리리니 내가 여호
와인 줄을 그들이 알리라
7 내가 내 거룩한 이름을 내 백성 이스
라엘 가운데에 알게 하여 다시는 내
거룩한 이름을 더럽히지 아니하게 하
리니 내가 여호와 곧 이스라엘의 거룩
한 자인 줄을 민족들이 알리라 하라
8 주 여호와의 말씀이니라 볼지어다 그
날이 와서 이루어지리니 내가 말한
그 날이 이 날이라
9 이스라엘 성읍들에 거주하는 자가 나
가서 그들의 무기를 불태워 사르되
큰 방패와 작은 방패와 활과 화살과
몽둥이와 창을 가지고 일곱 해 동안

2】

3】

4】

5】

6】

7】

8】

9】

불태우리라
10 이같이 그 무기로 불을 피울 것이므
로 그들이 들에서 나무를 주워 오지
아니하며 숲에서 벌목하지 아니하겠
고 전에 자기에게서 약탈하던 자의
것을 약탈하며 전에 자기에게서 늑탈
하던 자의 것을 늑탈하리라 주 여호
와의 말씀이니라
11 그 날에 내가 곡을 위하여 이스라엘
땅 곧 바다 동쪽 사람이 통행하는 골
짜기를 매장지로 주리니 통행하던 길
이 막힐 것이라 사람이 거기에서 곡
과 그 모든 무리를 매장하고 그 이름
을 하몬곡의 골짜기라 일컬으리라
12 이스라엘 족속이 일곱 달 동안에 그
들을 매장하여 그 땅을 정결하게 할
것이라
13 그 땅 모든 백성이 그들을 매장하고
그로 말미암아 이름을 얻으리니 이는
나의 영광이 나타나는 날이니라 주
여호와의 말씀이니라
14 그들이 사람을 택하여 그 땅에 늘 순
행하며 매장할 사람과 더불어 지면에
남아 있는 시체를 매장하여 그 땅을
정결하게 할 것이라 일곱 달 후에 그
들이 살펴 보되
15 지나가는 사람들이 그 땅으로 지나가

10】
11】
12】
13】
14】
15】

다가 사람의 뼈를 보면 그 곁에 푯말
을 세워 매장하는 사람에게 가서 하
몬곡 골짜기에 매장하게 할 것이요
16 성읍의 이름도 하모나라 하리라 그들
이 이같이 그 땅을 정결하게 하리라
17 ○ 주 여호와께서 이같이 말씀하셨느
니라 너 인자야 너는 각종 새와 들의
각종 짐승에게 이르기를 너희는 모여
오라 내가 너희를 위한 잔치 곧 이스
라엘 산 위에 예비한 큰 잔치로 너희
는 사방에서 모여 살을 먹으며 피를
마실지어다
18 너희가 용사의 살을 먹으며 세상 왕
들의 피를 마시기를 바산의 살진 짐
승 곧 숫양이나 어린 양이나 염소나
수송아지를 먹듯 할지라
19 내가 너희를 위하여 예비한 잔치의
기름을 너희가 배불리 먹으며 그 피
를 취하도록 마시되
20 내 상에서 말과 기병과 용사와 모든
군사를 배부르게 먹일지니라 하라 주
여호와의 말씀이니라

이스라엘의 회복

21 ○ 내가 내 영광을 여러 민족 가운데
에 나타내어 모든 민족이 내가 행한
심판과 내가 그 위에 나타낸 권능을
보게 하리니

16】

17】

18】

19】

20】

21】

22 그 날 이후에 이스라엘 족속은 내가
여호와 자기들의 하나님인 줄을 알
겠고
23 여러 민족은 이스라엘 족속이 그 죄
악으로 말미암아 사로잡혀 갔던 줄
을 알지라 그들이 내게 범죄하였으므
로 내 얼굴을 그들에게 가리고 그들
을 그 원수의 손에 넘겨 다 칼에 엎드
러지게 하였으되
24 내가 그들의 더러움과 그들의 범죄한
대로 행하여 그들에게 내 얼굴을 가
리었었느니라
25 ○ 그러므로 주 여호와께서 이같이
말씀하셨느니라 내가 이제 내 거룩
한 이름을 위하여 열심을 내어 야곱
의 사로잡힌 자를 돌아오게 하며 이
스라엘 온 족속에게 사랑을 베풀지라
26 그들이 그 땅에 평안히 거주하고 두
렵게 할 자가 없게 될 때에 부끄러움
을 품고 내게 범한 죄를 뉘우치리니
27 내가 그들을 만민 중에서 돌아오게
하고 적국 중에서 모아 내어 많은 민
족이 보는 데에서 그들로 말미암아
나의 거룩함을 나타낼 때라
28 전에는 내가 그들이 사로잡혀 여러
나라에 이르게 하였거니와 후에는 내
가 그들을 모아 고국 땅으로 돌아오

22】

23】

24】

25】

26】

27】

28】

게 하고 그 한 사람도 이방에 남기지
아니하리니 그들이 내가 여호와 자기
들의 하나님인 줄을 알리라
29 내가 다시는 내 얼굴을 그들에게 가
리지 아니하리니 이는 내가 내 영을
이스라엘 족속에게 쏟았음이라 주 여
호와의 말씀이니라

29】

이상 중에 본 성읍

40

1 우리가 사로잡힌 지 스물다섯째 해,
성이 함락된 후 열넷째 해 첫째 달
열째 날에 곧 그 날에 여호와의 권능이
내게 임하여 나를 데리고 이스라엘
땅으로 가시되
2 하나님의 이상 중에 나를 데리고 이
스라엘 땅에 이르러 나를 매우 높은
산 위에 내려놓으시는데 거기에서 남
으로 향하여 성읍 형상 같은 것이 있
더라
3 나를 데리시고 거기에 이르시니 모양
이 놋 같이 빛난 사람 하나가 손에 삼
줄과 측량하는 장대를 가지고 문에
서 있더니
4 그 사람이 내게 이르되 인자야 내가
네게 보이는 그것을 눈으로 보고 귀
로 들으며 네 마음으로 생각할지어
다 내가 이것을 네게 보이려고 이리

1】

2】

3】

4】

로 데리고 왔나니 너는 본 것을 다 이
스라엘 족속에게 전할지어다 하더라

동쪽을 향한 문

5 ○ 내가 본즉 집 바깥 사방으로 담이
있더라 그 사람의 손에 측량하는 장
대를 잡았는데 그 길이가 팔꿈치에
서 손가락에 이르고 한 손바닥 너비
가 더한 자로 여섯 척이라 그 담을 측
량하니 두께가 한 장대요 높이도 한
장대며
6 그가 동쪽을 향한 문에 이르러 층계
에 올라 그 문의 통로를 측량하니 길
이가 한 장대요 그 문 안쪽 통로의 길
이도 한 장대며
7 그 문간에 문지기 방들이 있는데 각
기 길이가 한 장대요 너비가 한 장대
요 각방 사이 벽이 다섯 척이며 안쪽
문 통로의 길이가 한 장대요 그 앞에
현관이 있고 그 앞에 안 문이 있으며
8 그가 또 안 문의 현관을 측량하니 한
장대며
9 안 문의 현관을 또 측량하니 여덟 척
이요 그 문 벽은 두 척이라 그 문의 현
관이 안으로 향하였으며
10 그 동문간의 문지기 방은 왼쪽에 셋
이 있고 오른쪽에 셋이 있으니 그 셋
이 각각 같은 크기요 그 좌우편 벽도

5】

6】

7】

8】

9】

10】

다 같은 크기며
11 또 그 문 통로를 측량하니 너비가 열
척이요 길이가 열세 척이며
12 방 앞에 간막이 벽이 있는데 이쪽 간
막이 벽도 한 척이요 저쪽 간막이 벽
도 한 척이며 그 방은 이쪽도 여섯 척
이요 저쪽도 여섯 척이며
13 그가 그 문간을 측량하니 이 방 지붕
가에서 저 방 지붕 가까지 너비가 스
물다섯 척인데 방문은 서로 반대되었
으며
14 그가 또 현관을 측량하니 너비가 스
무 척이요 현관 사방에 뜰이 있으며
15 바깥 문 통로에서부터 안 문 현관 앞
까지 쉰 척이며
16 문지기 방에는 각각 닫힌 창이 있고
문 안 좌우편에 있는 벽 사이에도 창
이 있고 그 현관도 그러하고 그 창은
안 좌우편으로 벌여 있으며 각 문 벽
위에는 종려나무를 새겼더라

바깥뜰

17 ○ 그가 나를 데리고 바깥뜰에 들어
가니 뜰 삼면에 박석 깔린 땅이 있고
그 박석 깔린 땅 위에 여러 방이 있는
데 모두 서른이며
18 그 박석 깔린 땅의 위치는 각 문간의
좌우편인데 그 너비가 문간 길이와

11】

12】

13】

14】

15】

16】

17】

18】

같으니 이는 아래 박석 땅이며
19 그가 아래 문간 앞에서부터 안뜰 바
깥 문간 앞까지 측량하니 그 너비가
백 척이며 동쪽과 북쪽이 같더라

북쪽을 향한 문

20 ○ 그가 바깥뜰 북쪽을 향한 문간의
길이와 너비를 측량하니
21 길이는 쉰 척이요 너비는 스물다섯
척이며 문지기 방이 이쪽에도 셋이요
저쪽에도 셋이요 그 벽과 그 현관도
먼저 측량한 문간과 같으며
22 그 창과 현관의 길이와 너비와 종려
나무가 다 동쪽을 향한 문간과 같으
며 그 문간으로 올라가는 일곱 층계
가 있고 그 안에 현관이 있으며
23 안뜰에도 북쪽 문간과 동쪽 문간과
마주 대한 문간들이 있는데 그가 이
문간에서 맞은쪽 문간까지 측량하니
백 척이더라

남쪽을 향한 문

24 ○ 그가 또 나를 이끌고 남으로 간즉
남쪽을 향한 문간이 있는데 그 벽과
현관을 측량하니 먼저 측량한 것과
같고
25 그 문간과 현관 좌우에 있는 창도 먼
저 말한 창과 같더라 그 문간의 길이
는 쉰 척이요 너비는 스물다섯 척이며

19】

20】

21】

22】

23】

24】

25】

26 또 그리로 올라가는 일곱 층계가 있
고 그 안에 현관이 있으며 또 이쪽 저
쪽 문 벽 위에 종려나무를 새겼으며
27 안뜰에도 남쪽을 향한 문간이 있는데
그가 남쪽을 향한 그 문간에서 맞은
쪽 문간까지 측량하니 백 척이더라

안뜰 남쪽 문

28 ○ 그가 나를 데리고 그 남문을 통하
여 안뜰에 들어가서 그 남문의 너비
를 측량하니 크기는
29 길이가 쉰 척이요 너비가 스물다섯
척이며 그 문지기 방과 벽과 현관도
먼저 측량한 것과 같고 그 문간과 그
현관 좌우에도 창이 있으며
30 그 사방 현관의 길이는 스물다섯 척
이요 너비는 다섯 척이며
31 현관이 바깥뜰로 향하였고 그 문 벽
위에도 종려나무를 새겼으며 그 문간
으로 올라가는 여덟 층계가 있더라

안뜰 동쪽 문

32 ○ 그가 나를 데리고 안뜰 동쪽으로
가서 그 문간을 측량하니 크기는
33 길이가 쉰 척이요 너비가 스물다섯
척이며 그 문지기 방과 벽과 현관이
먼저 측량한 것과 같고 그 문간과 그
현관 좌우에도 창이 있으며
34 그 현관이 바깥뜰로 향하였고 그 이

26】
27】
28】
29】
30】
31】
32】
33】
34】

쪽, 저쪽 문 벽 위에도 종려나무를 새
겼으며 그 문간으로 올라가는 여덟
층계가 있더라

안뜰 북쪽 문

35 ○ 그가 또 나를 데리고 북문에 이르
러 측량하니 크기는
36 길이가 쉰 척이요 너비가 스물다섯 척
이며 그 문지기 방과 벽과 현관이 다
그러하여 그 좌우에도 창이 있으며
37 그 현관이 바깥뜰로 향하였고 그 이
쪽, 저쪽 문 벽 위에도 종려나무를 새
겼으며 그 문간으로 올라가는 여덟
층계가 있더라

안뜰 북쪽 문의 부속 건물들

38 ○ 그 문 벽 곁에 문이 있는 방이 있는
데 그것은 번제물을 씻는 방이며
39 그 문의 현관 이쪽에 상 둘이 있고 저
쪽에 상 둘이 있으니 그 위에서 번제
와 속죄제와 속건제의 희생제물을 잡
게 한 것이며
40 그 북문 바깥 곧 입구로 올라가는 곳
이쪽에 상 둘이 있고 문의 현관 저쪽
에 상 둘이 있으니
41 문 곁 이쪽에 상이 넷이 있고 저쪽에
상이 넷이 있어 상이 모두 여덟 개라
그 위에서 희생제물을 잡았더라
42 또 다듬은 돌로 만들어 번제에 쓰는

35】

36】

37】

38】

39】

40】

41】

42】

상 넷이 있는데 그 길이는 한 척 반
이요 너비는 한 척 반이요 높이는 한
척이라 번제의 희생제물을 잡을 때에
쓰는 기구가 그 위에 놓였으며
43 현관 안에는 길이가 손바닥 넓이만한
갈고리가 사방에 박혔으며 상들에는
희생제물의 고기가 있더라
44 ○ 안문 밖에 있는 안뜰에는 노래하
는 자의 방 둘이 있는데 북문 곁에
있는 방은 남쪽으로 향하였고 남문
곁에 있는 방은 북쪽으로 향하였
더라
45 그가 내게 이르되 남쪽을 향한 이 방
은 성전을 지키는 제사장들이 쓸 것
이요
46 북쪽을 향한 방은 제단을 지키는 제
사장들이 쓸 것이라 이들은 레위의
후손 중 사독의 자손으로서 여호와께
가까이 나아가 수종드는 자니라 하고
47 그가 또 그 뜰을 측량하니 길이는 백
척이요 너비는 백 척이라 네모 반듯
하며 제단은 성전 앞에 있더라

성전 문 현관

48 ○ 그가 나를 데리고 성전 문 현관에
이르러 그 문의 좌우 벽을 측량하니
너비는 이쪽도 다섯 척이요 저쪽도
다섯 척이며 두께는 문 이쪽도 세 척

43】

44】

45】

46】

47】

48】

이요 문 저쪽도 세 척이며
49 그 현관의 너비는 스무 척이요 길이
는 열한 척이며 문간으로 올라가는
층계가 있고 문 벽 곁에는 기둥이 있
는데 하나는 이쪽에 있고 다른 하나
는 저쪽에 있더라

49】

성소와 지성소와 골방들

41 1 그가 나를 데리고 성전에 이르러
그 문 벽을 측량하니 이쪽 두께도
여섯 척이요 저쪽 두께도 여섯 척이
라 두께가 그와 같으며
2 그 문 통로의 너비는 열 척이요 문 통로
이쪽 벽의 너비는 다섯 척이요 저쪽
벽의 너비는 다섯 척이며 그가 성소를
측량하니 그 길이는 마흔 척이요 그
너비는 스무 척이며
3 그가 안으로 들어가서 내전 문 통로
의 벽을 측량하니 두께는 두 척이요
문 통로가 여섯 척이요 문 통로의 벽
의 너비는 각기 일곱 척이며
4 그가 내전을 측량하니 길이는 스무
척이요 너비는 스무 척이라 그가 내
게 이르되 이는 지성소니라 하고
5 성전의 벽을 측량하니 두께가 여섯
척이며 성전 삼면에 골방이 있는데
너비는 각기 네 척이며

1】

2】

3】

4】

5】

6 골방은 삼 층인데 골방 위에 골방이
있어 모두 서른이라 그 삼면 골방이
성전 벽 밖으로 그 벽에 붙어 있는데
성전 벽 속을 뚫지는 아니하였으며
7 이 두루 있는 골방은 그 층이 높아질
수록 넓으므로 성전에 둘린 이 골방
이 높아질수록 성전에 가까워졌으나
성전의 넓이는 아래 위가 같으며 골
방은 아래층에서 중층으로 위층에 올
라가게 되었더라
8 내가 보니 성전 삼면의 지대 곧 모든
골방 밑 지대의 높이는 한 장대 곧 큰
자로 여섯 척인데
9 성전에 붙어 있는 그 골방 바깥 벽 두
께는 다섯 척이요 그 외에 빈 터가 남
았으며
10 성전 골방 삼면에 너비가 스무 척 되
는 뜰이 둘려 있으며
11 그 골방 문은 다 빈 터로 향하였는데
한 문은 북쪽으로 향하였고 한 문은
남쪽으로 향하였으며 그 둘려 있는
빈 터의 너비는 다섯 척이더라

서쪽 건물과 성전의 넓이

12 ○ 서쪽 뜰 뒤에 건물이 있는데 너비
는 일흔 척이요 길이는 아흔 척이며
그 사방 벽의 두께는 다섯 척이더라
13 그가 성전을 측량하니 길이는 백 척

6】

7】

8】

9】

10】

11】

12】

13】

이요 또 서쪽 뜰과 그 건물과 그 벽을
합하여 길이는 백 척이요
14 성전 앞면의 너비는 백 척이요 그 앞
동쪽을 향한 뜰의 너비도 그러하며
15 그가 뒤뜰 너머 있는 건물을 측량하
니 그 좌우편 회랑까지 백 척이더라
내전과 외전과 그 뜰의 현관과
16 문 통로 벽과 닫힌 창과 삼면에 둘려
있는 회랑은 문 통로 안쪽에서부터
땅에서 창까지 널판자로 가렸고(창은
이미 닫혔더라)
17 문 통로 위와 내전과 외전의 사방 벽
도 다 그러하니 곧 측량한 크기대로며
18 널판자에는 그룹들과 종려나무를 새
겼는데 두 그룹 사이에 종려나무 한
그루가 있으며 각 그룹에 두 얼굴이
있으니
19 하나는 사람의 얼굴이라 이쪽 종려
나무를 향하였고 하나는 어린 사자의
얼굴이라 저쪽 종려나무를 향하였으
며 온 성전 사방이 다 그러하여
20 땅에서부터 문 통로 위에까지 그룹들
과 종려나무들을 새겼으니 성전 벽이
다 그러하더라

나무 제단과 성전의 문들

21 ○ 외전 문설주는 네모졌고 내전 전
면에 있는 양식은 이러하니

14】

15】

16】

17】

18】

19】

20】

21】

22 곧 나무 제단의 높이는 세 척이요 길
이는 두 척이며 그 모퉁이와 옆과 면
을 다 나무로 만들었더라 그가 내게
이르되 이는 여호와의 앞의 상이라
하더라
23 내전과 외전에 각기 문이 있는데
24 문마다 각기 두 문짝 곧 접는 두 문짝
이 있어 이 문에 두 짝이요 저 문에
두 짝이며
25 이 성전 문에 그룹과 종려나무를 새
겼는데 벽에 있는 것과 같고 현관 앞
에는 나무 디딤판이 있으며
26 현관 좌우편에는 닫힌 창도 있고 종
려나무도 새겨져 있고 성전의 골방과
디딤판도 그러하더라

22】

23】

24】

25】

26】

제사장 방

42

1 그가 나를 데리고 밖으로 나가 북
쪽 뜰로 가서 두 방에 이르니 그 두
방의 하나는 골방 앞 뜰을 향하였고
다른 하나는 북쪽 건물을 향하였는데
2 그 방들의 자리의 길이는 백 척이요
너비는 쉰 척이며 그 문은 북쪽을 향
하였고
3 그 방 삼층에 회랑들이 있는데 한 방의
회랑은 스무 척 되는 안뜰과 마주 대
하였고 다른 한 방의 회랑은 바깥뜰

1】

2】

3】

박석 깔린 곳과 마주 대하였으며
4 그 두 방 사이에 통한 길이 있어 너비
는 열 척이요 길이는 백 척이며 그 문
들은 북쪽을 향하였으며
5 그 위층의 방은 가장 좁으니 이는 회
랑들로 말미암아 아래층과 가운데 층
보다 위층이 더 줄어짐이라
6 그 방은 삼층인데도 뜰의 기둥 같은
기둥이 없으므로 그 위층이 아래층과
가운데 층보다 더욱 좁아짐이더라
7 그 한 방의 바깥 담 곧 뜰의 담과 마주
대한 담의 길이는 쉰 척이니
8 바깥뜰로 향한 방의 길이는 쉰 척이
며 성전 앞을 향한 방은 백 척이며
9 이 방들 아래에 동쪽에서 들어가는
통행구가 있으니 곧 바깥뜰에서 들어
가는 통행구더라
10 ○ 남쪽 골방 뜰 맞은쪽과 남쪽 건물
맞은쪽에도 방 둘이 있는데
11 그 두 방 사이에 길이 있고 그 방들의
모양은 북쪽 방 같고 그 길이와 너비
도 같으며 그 출입구와 문도 그와 같
으며
12 이 남쪽 방에 출입하는 문이 있는데
담 동쪽 길 어귀에 있더라
13 ○ 그가 내게 이르되 좌우 골방 뜰 앞
곧 북쪽과 남쪽에 있는 방들은 거룩

4】

5】

6】

7】

8】

9】

10】

11】

12】

13】

한 방이라 여호와를 가까이 하는 제
사장들이 지성물을 거기에서 먹을 것
이며 지성물 곧 소제와 속죄제와 속
건제의 제물을 거기 둘 것이니 이는
거룩한 곳이라
14 제사장의 의복은 거룩하므로 제사장
이 성소에 들어갔다가 나올 때에 바로
바깥뜰로 가지 못하고 수종드는 그 의
복을 그 방에 두고 다른 옷을 입고 백
성의 뜰로 나갈 것이니라 하더라

성전의 사면 담을 측량하다

15 ○ 그가 안에 있는 성전 측량하기를
마친 후에 나를 데리고 동쪽을 향한
문의 길로 나가서 사방 담을 측량하
는데
16 그가 측량하는 장대 곧 그 장대로 동
쪽을 측량하니 오백 척이요
17 그 장대로 북쪽을 측량하니 오백 척
이요
18 그 장대로 남쪽을 측량하니 오백 척
이요
19 서쪽으로 돌이켜 그 장대로 측량하니
오백 척이라
20 그가 이같이 그 사방을 측량하니 그 사
방 담 안 마당의 길이가 오백 척이며
너비가 오백 척이라 그 담은 거룩한
것과 속된 것을 구별하는 것이더라

14】
15】
16】
17】
18】
19】
20】

여호와께서 성전에 들어가시다

43
1 그 후에 그가 나를 데리고 문에 이
르니 곧 동쪽을 향한 문이라
2 이스라엘 하나님의 영광이 동쪽에서
부터 오는데 하나님의 음성이 많은
물 소리 같고 땅은 그 영광으로 말미
암아 빛나니
3 그 모양이 내가 본 환상 곧 전에 성
읍을 멸하러 올 때에 보던 환상 같고
그발 강 가에서 보던 환상과도 같기
로 내가 곧 얼굴을 땅에 대고 엎드렸
더니
4 여호와의 영광이 동문을 통하여 성전
으로 들어가고
5 영이 나를 들어 데리고 안뜰에 들어
가시기로 내가 보니 여호와의 영광이
성전에 가득하더라
6 ○ 성전에서 내게 하는 말을 내가 듣
고 있을 때에 어떤 사람이 내 곁에 서
있더라
7 그가 내게 이르시되 인자야 이는 내
보좌의 처소, 내 발을 두는 처소, 내가
이스라엘 족속 가운데에 영원히 있을
곳이라 이스라엘 족속 곧 그들과 그
들의 왕들이 음행하며 그 죽은 왕들
의 시체로 다시는 내 거룩한 이름을
더럽히지 아니하리라

1】

2】

3】

4】

5】

6】

7】

8 그들이 그 문지방을 내 문지방 곁에
두며 그 문설주를 내 문설주 곁에 두
어서 그들과 나 사이에 겨우 한 담이
막히게 하였고 또 그 행하는 가증한
일로 내 거룩한 이름을 더럽혔으므로
내가 노하여 멸망시켰거니와
9 이제는 그들이 그 음란과 그 왕들의
시체를 내게서 멀리 제거하여 버려야
할 것이라 그리하면 내가 그들 가운
데에 영원히 살리라
10 ○ 인자야 너는 이 성전을 이스라엘
족속에게 보여서 그들이 자기의 죄악
을 부끄러워하고 그 형상을 측량하게
하라
11 만일 그들이 자기들이 행한 모든 일
을 부끄러워하거든 너는 이 성전의
제도와 구조와 그 출입하는 곳과 그
모든 형상을 보이며 또 그 모든 규례
와 그 모든 법도와 그 모든 율례를 알
게 하고 그 목전에 그것을 써서 그들
로 그 모든 법도와 그 모든 규례를 지
켜 행하게 하라
12 성전의 법은 이러하니라 산 꼭대기
지점의 주위는 지극히 거룩하리라 성
전의 법은 이러하니라

번제단의 모양과 크기

13 ○ 제단의 크기는 이러하니라 한 자

8】

9】

10】

11】

12】

13】

는 팔꿈치에서부터 손가락에 이르고
한 손바닥 넓이가 더한 것이라 제단
밑받침의 높이는 한 척이요 그 사방
가장자리의 너비는 한 척이며 그 가
로 둘린 턱의 너비는 한 뼘이니 이는
제단 밑받침이요
14 이 땅에 닿은 밑받침 면에서 아래층
의 높이는 두 척이요 그 가장자리의
너비는 한 척이며 이 아래층 면에서
이 층의 높이는 네 척이요 그 가장자
리의 너비는 한 척이며
15 그 번제단 위층의 높이는 네 척이며
그 번제하는 바닥에서 솟은 뿔이 넷
이며
16 그 번제하는 바닥의 길이는 열두 척이
요 너비도 열두 척이니 네모 반듯하고
17 그 아래층의 길이는 열네 척이요 너비
는 열네 척이니 네모 반듯하고 그 밑
받침에 둘린 턱의 너비는 반 척이며
그 가장자리의 너비는 한 척이니라 그
층계는 동쪽을 향하게 할지니라

번제단의 봉헌

18 ○ 그가 내게 이르시되 인자야 주 여호
와께서 이같이 말씀하셨느니라 이 제
단을 만드는 날에 그 위에 번제를 드
리며 피를 뿌리는 규례는 이러하니라
19 주 여호와의 말씀이니라 나를 가까이

14】

15】

16】

17】

18】

19】

하여 내게 수종드는 사독의 자손 레위
사람 제사장에게 너는 어린 수송아지
한 마리를 주어 속죄제물을 삼되
20 네가 그 피를 가져다가 제단의 네 뿔과
아래층 네 모퉁이와 사방 가장자리에
발라 속죄하여 제단을 정결하게 하고
21 그 속죄제물의 수송아지를 가져다가
성전의 정한 처소 곧 성소 밖에서 불
사를지며
22 다음 날에는 흠 없는 숫염소 한 마리
를 속죄제물로 삼아 드려서 그 제단
을 정결하게 하기를 수송아지로 정결
하게 함과 같이 하고
23 정결하게 하기를 마친 후에는 흠 없
는 수송아지 한 마리와 떼 가운데에
서 흠 없는 숫양 한 마리를 드리되
24 나 여호와 앞에 받들어다가 제사장은
그 위에 소금을 쳐서 나 여호와께 번
제로 드릴 것이며
25 칠 일 동안은 매일 염소 한 마리를 갖
추어 속죄제물을 삼고 또 어린 수송아
지 한 마리와 떼 가운데에서 숫양 한
마리를 흠 없는 것으로 갖출 것이며
26 이같이 칠 일 동안 제단을 위하여 속
죄제를 드려 정결하게 하며 드릴 것
이요
27 이 모든 날이 찬 후 제팔일과 그 다음

20】
21】
22】
23】
24】
25】
26】
27】

에는 제사장이 제단 위에서 너희 번
제와 감사제를 드릴 것이라 그리하면
내가 너희를 즐겁게 받으리라 주 여
호와의 말씀이니라

성전 동쪽 문은 닫아 두라

44 1 그가 나를 데리고 성소의 동쪽을 향
한 바깥 문에 돌아오시니 그 문이 닫
혔더라
2 여호와께서 내게 이르시되 이 문은
닫고 다시 열지 못할지니 아무도 그
리로 들어오지 못할 것은 이스라엘
하나님 나 여호와가 그리로 들어왔음
이라 그러므로 닫아 둘지니라
3 왕은 왕인 까닭에 안 길로 이 문 현관
으로 들어와서 거기에 앉아서 나 여
호와 앞에서 음식을 먹고 그 길로 나
갈 것이니라

여호와의 영광이 성전에 가득하다

4 ○ 그가 또 나를 데리고 북문을 통하
여 성전 앞에 이르시기로 내가 보니
여호와의 영광이 여호와의 성전에 가
득한지라 내가 얼굴을 땅에 대고 엎
드리니
5 여호와께서 내게 이르시되 인자야 너
는 전심으로 주목하여 내가 네게 말하
는 바 여호와의 성전의 모든 규례와 모

1】

2】

3】

4】

5】

든 율례를 귀로 듣고 또 성전의 입구와
성소의 출구를 전심으로 주목하고
6 너는 반역하는 자 곧 이스라엘 족속
에게 이르기를 주 여호와께서 이같이
말씀하시기를 이스라엘 족속아 너희
의 모든 가증한 일이 족하니라
7 너희가 마음과 몸에 할례 받지 아니
한 이방인을 데려오고 내 떡과 기름
과 피를 드릴 때에 그들로 내 성소 안
에 있게 하여 내 성전을 더럽히므로
너희의 모든 가증한 일 외에 그들이
내 언약을 위반하게 하는 것이 되었
으며
8 너희가 내 성물의 직분을 지키지 아
니하고 내 성소에 사람을 두어 너희
직분을 대신 지키게 하였느니라

레위 사람들의 제사장 직분을 박탈하다

9 ○ 주 여호와께서 이같이 말씀하셨
느니라 이스라엘 족속 중에 있는 이
방인 중에 마음과 몸에 할례를 받지
아니한 이방인은 내 성소에 들어오지
못하리라
10 이스라엘 족속이 그릇 행하여 나를
떠날 때에 레위 사람도 그릇 행하여
그 우상을 따라 나를 멀리 떠났으니
그 죄악을 담당하리라
11 그러나 그들이 내 성소에서 수종들어

6】

7】

8】

9】

10】

11】

성전 문을 맡을 것이며 성전에서 수
종들어 백성의 번제의 희생물과 다른
희생물을 잡아 백성 앞에 서서 수종
들게 되리라
12 그들이 전에 백성을 위하여 그 우상
앞에서 수종들어 이스라엘 족속이 죄
악에 걸려 넘어지게 하였으므로 내가
내 손을 들어 쳐서 그들이 그 죄악을
담당하였느니라 주 여호와의 말씀이
니라
13 그들이 내게 가까이 나아와 제사장의
직분을 행하지 못하며 또 내 성물 곧
지성물에 가까이 오지 못하리니 그들
이 자기의 수치와 그 행한 바 가증한
일을 담당하리라
14 그러나 내가 그들을 세워 성전을 지
키게 하고 성전에 모든 수종드는 일
과 그 가운데에서 행하는 모든 일을
맡기리라

제사장들

15 ○ 이스라엘 족속이 그릇 행하여 나
를 떠날 때에 사독의 자손 레위 사람
제사장들은 내 성소의 직분을 지켰은
즉 그들은 내게 가까이 나아와 수종을
들되 내 앞에 서서 기름과 피를 내게
드릴지니라 주 여호와의 말씀이니라
16 그들이 내 성소에 들어오며 또 내 상

12】

13】

14】

15】

16】

에 가까이 나아와 내게 수종들어 내
가 맡긴 직분을 지키되
17 그들이 안뜰 문에 들어올 때에나 안
뜰 문과 성전 안에서 수종들 때에는
양털 옷을 입지 말고 가는 베 옷을 입
을 것이니
18 가는 베 관을 머리에 쓰며 가는 베 바
지를 입고 땀이 나게 하는 것으로 허
리를 동이지 말 것이며
19 그들이 바깥뜰 백성에게로 나갈 때에
는 수종드는 옷을 벗어 거룩한 방에
두고 다른 옷을 입을지니 이는 그 옷
으로 백성을 거룩하게 할까 함이라
20 그들은 또 머리털을 밀지도 말며 머
리털을 길게 자라게도 말고 그 머리
털을 깎기만 할 것이며
21 아무 제사장이든지 안뜰에 들어갈 때
에는 포도주를 마시지 말 것이며
22 과부나 이혼한 여인에게 장가 들지
말고 오직 이스라엘 족속의 처녀나
혹시 제사장의 과부에게 장가 들 것
이며
23 내 백성에게 거룩한 것과 속된 것의
구별을 가르치며 부정한 것과 정한
것을 분별하게 할 것이며
24 송사하는 일을 재판하되 내 규례대로
재판할 것이며 내 모든 정한 절기에

17】

18】

19】

20】

21】

22】

23】

24】

는 내 법도와 율례를 지킬 것이며 또
내 안식일을 거룩하게 하며
25 시체를 가까이 하여 스스로 더럽히지
못할 것이로되 부모나 자녀나 형제나
시집 가지 아니한 자매를 위하여는
더럽힐 수 있으며
26 이런 자는 스스로 정결하게 한 후에
칠 일을 더 지낼 것이요
27 성소에서 수종들기 위해 안뜰과 성소
에 들어갈 때에는 속죄제를 드릴지니
라 주 여호와의 말씀이니라
28 ○ 그들에게는 기업이 있으리니 내가
곧 그 기업이라 너희는 이스라엘 가
운데에서 그들에게 산업을 주지 말라
내가 그 산업이 됨이라
29 그들은 소제와 속죄제와 속건제의 제
물을 먹을지니 이스라엘 중에서 구별
하여 드리는 물건을 다 그들에게 돌
리며
30 또 각종 처음 익은 열매와 너희 모든
예물 중에 각종 거제 제물을 다 제사
장에게 돌리고 너희가 또 첫 밀가루
를 제사장에게 주어 그들에게 네 집
에 복이 내리도록 하게 하라
31 새나 가축이 저절로 죽은 것이나 찢
겨서 죽은 것은 다 제사장이 먹지 말
것이니라

25】

26】

27】

28】

29】

30】

31】

거룩한 구역

45
1 너희는 제비 뽑아 땅을 나누어 기
업으로 삼을 때에 한 구역을 거룩
한 땅으로 삼아 여호와께 예물로 드
릴지니 그 길이는 이만 오천 척이요
너비는 만 척이라 그 구역 안 전부가
거룩하리라
2 그 중에서 성소에 속할 땅은 길이가
오백 척이요 너비가 오백 척이니 네
모가 반듯하며 그 외에 사방 쉰 척으로
전원이 되게 하되
3 이 측량한 가운데에서 길이는 이만
오천 척을 너비는 만 척을 측량하고
그 안에 성소를 둘지니 지극히 거룩
한 곳이요
4 그 곳은 성소에서 수종드는 제사장들
곧 하나님께 가까이 나아가서 수종드
는 자들에게 주는 거룩한 땅이니 그
들이 집을 지을 땅이며 성소를 위한
거룩한 곳이라
5 또 길이는 이만 오천 척을 너비는 만
척을 측량하여 성전에서 수종드는 레
위 사람에게 돌려 그들의 거주지를
삼아 마을 스물을 세우게 하고
6 구별한 거룩한 구역 옆에 너비는 오
천 척을 길이는 이만 오천 척을 측량
하여 성읍의 기지로 삼아 이스라엘

1】

2】

3】

4】

5】

6】

온 족속에게 돌리고
7 드린 거룩한 구역과 성읍의 기지 된
땅의 좌우편 곧 드린 거룩한 구역의
옆과 성읍의 기지 옆의 땅을 왕에게
돌리되 서쪽으로 향하여 서쪽 국경까
지와 동쪽으로 향하여 동쪽 국경까지
니 그 길이가 구역 하나와 서로 같을
지니라
8 이 땅을 왕에게 돌려 이스라엘 가운
데에 기업으로 삼게 하면 나의 왕들
이 다시는 내 백성을 압제하지 아니
하리라 그 나머지 땅은 이스라엘 족
속에게 그 지파대로 줄지니라

통치자들의 통치 법칙

9 ○ 주 여호와께서 이같이 말씀하셨느
니라 이스라엘의 통치자들아 너희에
게 만족하니라 너희는 포악과 겁탈을
제거하여 버리고 정의와 공의를 행하
여 내 백성에게 속여 빼앗는 것을 그
칠지니라 주 여호와의 말씀이니라
10 너희는 공정한 저울과 공정한 에바와
공정한 밧을 쓸지니
11 에바와 밧은 그 용량을 동일하게 하
되 호멜의 용량을 따라 밧은 십분의
일 호멜을 담게 하고 에바도 십분의
일 호멜을 담게 할 것이며
12 세겔은 이십 게라니 이십 세겔과 이

7】

8】

9】

10】

11】

12】

십오 세겔과 십오 세겔로 너희 마네
가 되게 하라
13 ○ 너희가 마땅히 드릴 예물은 이러
하니 밀 한 호멜에서는 육분의 일 에
바를 드리고 보리 한 호멜에서도 육
분의 일 에바를 드리며
14 기름은 정한 규례대로 한 고르에서
십분의 일 밧을 드릴지니 기름의 밧
으로 말하면 한 고르는 십 밧 곧 한 호
멜이며(십 밧은 한 호멜이라)
15 또 이스라엘의 윤택한 초장의 가축 떼
이백 마리에서는 어린 양 한 마리를
드릴 것이라 백성을 속죄하기 위하여
이것들을 소제와 번제와 감사 제물로
삼을지니라 주 여호와의 말씀이니라
16 이 땅 모든 백성은 이 예물을 이스라
엘의 군주에게 드리고
17 군주의 본분은 번제와 소제와 전제를
명절과 초하루와 안식일과 이스라엘
족속의 모든 정한 명절에 갖추는 것
이니 이스라엘 족속을 속죄하기 위하
여 이 속죄제와 소제와 번제와 감사
제물을 갖출지니라

유월절과 일곱째 달 열다섯째 날
(출 12:1-20; 레 23:33-43)

18 ○ 여호와께서 이같이 말씀하셨느니
라 첫째 달 초하룻날에 흠 없는 수송
아지 한 마리를 가져다가 성소를 정

13】

14】

15】

16】

17】

18】

결하게 하되
19 제사장이 그 속죄제 희생제물의 피를
가져다가 성전 문설주와 제단 아래층
네 모퉁이와 안뜰 문설주에 바를 것
이요
20 그 달 칠일에도 모든 과실범과 모르
고 범죄한 자를 위하여 역시 그렇게
하여 성전을 속죄할지니라
21 ○ 첫째 달 열나흗날에는 유월절을
칠 일 동안 명절로 지키며 누룩 없는
떡을 먹을 것이라
22 그 날에 왕은 자기와 이 땅 모든 백성
을 위하여 송아지 한 마리를 갖추어
속죄제를 드릴 것이요
23 또 명절 칠 일 동안에는 그가 나 여호
와를 위하여 번제를 준비하되 곧 이
레 동안에 매일 흠 없는 수송아지 일
곱 마리와 숫양 일곱 마리이며 또 매
일 숫염소 한 마리를 갖추어 속죄제
를 드릴 것이며
24 또 소제를 갖추되 수송아지 한 마리
에는 밀가루 한 에바요 숫양 한 마리
에도 한 에바며 밀가루 한 에바에는
기름 한 힌 씩이며
25 일곱째 달 열다섯째 날에 칠 일 동안
명절을 지켜 속죄제와 번제며 그 밀
가루와 기름을 드릴지니라

19】

20】

21】

22】

23】

24】

25】

안식일과 초하루

46 1 주 여호와께서 이같이 말씀하셨느
니라 안뜰 동쪽을 향한 문은 일하
는 엿새 동안에는 닫되 안식일에는
열며 초하루에도 열고
2 군주는 바깥 문 현관을 통하여 들어와
서 문 벽 곁에 서고 제사장은 그를 위하
여 번제와 감사제를 드릴 것이요 군주
는 문 통로에서 예배한 후에 밖으로 나
가고 그 문은 저녁까지 닫지 말 것이며
3 이 땅 백성도 안식일과 초하루에 이
문 입구에서 나 여호와 앞에 예배할
것이며
4 안식일에 군주가 여호와께 드릴 번제
는 흠 없는 어린 양 여섯 마리와 흠 없
는 숫양 한 마리라
5 그 소제는 숫양 하나에는 밀가루 한
에바요 모든 어린 양에는 그 힘대로
할 것이며 밀가루 한 에바에는 기름
한 힌 씩이니라
6 ○ 초하루에는 흠 없는 수송아지 한
마리와 어린 양 여섯 마리와 숫양 한
마리를 드리되 모두 흠 없는 것으로
할 것이며
7 또 소제를 준비하되 수송아지에는 밀
가루 한 에바요 숫양에도 밀가루 한
에바며 모든 어린 양에는 그 힘대로

1】
2】
3】
4】
5】
6】
7】

할 것이요 밀가루 한 에바에는 기름
한 힌씩이며
8 군주가 올 때에는 이 문 현관을 통하여
들어오고 나갈 때에도 그리할지니라
9 ○ 그러나 모든 정한 절기에 이 땅 백
성이 나 여호와 앞에 나아올 때에는
북문으로 들어와서 경배하는 자는 남
문으로 나가고 남문으로 들어오는 자
는 북문으로 나갈지라 들어온 문으로
도로 나가지 말고 그 몸이 앞으로 향
한 대로 나갈지며
10 군주가 무리 가운데에 있어서 그들이
들어올 때에 들어오고 그들이 나갈
때에 나갈지니라
11 명절과 성회 때에 그 소제는 수송아
지 한 마리에 밀가루 한 에바요 숫양
한 마리에도 한 에바요 모든 어린 양
에는 그 힘대로 할 것이며 밀가루 한
에바에는 기름 한 힌씩이며
12 만일 군주가 자원하여 번제를 준비하거
나 혹은 자원하여 감사제를 준비하여 나
여호와께 드릴 때에는 그를 위하여 동
쪽을 향한 문을 열고 그가 번제와 감사
제를 안식일에 드림 같이 드리고 밖으
로 나갈지며 나간 후에 문을 닫을지니라

매일 드리는 제사

13 ○ 아침마다 일년 되고 흠 없는 어린

8】
9】
10】
11】
12】
13】

양 한 마리를 번제를 갖추어 나 여호
와께 드리고
14 또 아침마다 그것과 함께 드릴 소제를
갖추되 곧 밀가루 육분의 일 에바와
기름 삼분의 일 힌을 섞을 것이니 이
는 영원한 규례로 삼아 항상 나 여호
와께 드릴 소제라
15 이같이 아침마다 그 어린 양과 밀가
루와 기름을 준비하여 항상 드리는
번제물로 삼을지니라

군주와 그의 기업

16 ○ 주 여호와께서 이같이 말씀하셨느
니라 군주가 만일 한 아들에게 선물
을 준즉 그의 기업이 되어 그 자손에
게 속하나니 이는 그 기업을 이어 받
음이어니와
17 군주가 만일 그 기업을 한 종에게 선
물로 준즉 그 종에게 속하여 희년까
지 이르고 그 후에는 군주에게로 돌
아갈 것이니 군주의 기업은 그 아들
이 이어 받을 것임이라
18 군주는 백성의 기업을 빼앗아 그 산
업에서 쫓아내지 못할지니 군주가 자
기 아들에게 기업으로 줄 것은 자기
산업으로만 할 것임이라 백성이 각각
그 산업을 떠나 흩어지지 않게 할 것
이니라

14】

15】

16】

17】

18】

성전 부엌

19 ○ 그 후에 그가 나를 데리고 문 곁 통
행구를 통하여 북쪽을 향한 제사장의
거룩한 방에 들어가시니 그 방 뒤 서
쪽에 한 처소가 있더라
20 그가 내게 이르시되 이는 제사장이
속건제와 속죄제 희생제물을 삶으며
소제 제물을 구울 처소니 그들이 이
성물을 가지고 바깥뜰에 나가면 백성
을 거룩하게 할까 함이니라 하시고
21 나를 데리고 바깥뜰로 나가서 나를
뜰 네 구석을 지나가게 하시는데 본
즉 그 뜰 매 구석에 또 뜰이 있는데
22 뜰의 네 구석 안에는 집이 있으니 길
이는 마흔 척이요 너비는 서른 척이
라 구석의 네 뜰이 같은 크기며
23 그 작은 네 뜰 사방으로 돌아가며 부
엌이 있고 그 사방 부엌에 삶는 기구
가 설비되었는데
24 그가 내게 이르시되 이는 삶는 부엌이
니 성전에서 수종드는 자가 백성의 제
물을 여기서 삶을 것이니라 하시더라

19】

20】

21】

22】

23】

24】

성전에서 나오는 물

47 1 그가 나를 데리고 성전 문에 이르
시니 성전의 앞면이 동쪽을 향하
였는데 그 문지방 밑에서 물이 나와

1】

동쪽으로 흐르다가 성전 오른쪽 제단
남쪽으로 흘러 내리더라
2 그가 또 나를 데리고 북문으로 나가
서 바깥 길로 꺾여 동쪽을 향한 바깥
문에 이르시기로 본즉 물이 그 오른
쪽에서 스며 나오더라
3 ○ 그 사람이 손에 줄을 잡고 동쪽으
로 나아가며 천 척을 측량한 후에 내
게 그 물을 건너게 하시니 물이 발목
에 오르더니
4 다시 천 척을 측량하고 내게 물을 건
너게 하시니 물이 무릎에 오르고 다
시 천 척을 측량하고 내게 물을 건너
게 하시니 물이 허리에 오르고
5 다시 천 척을 측량하시니 물이 내가
건너지 못할 강이 된지라 그 물이 가
득하여 헤엄칠 만한 물이요 사람이
능히 건너지 못할 강이더라
6 ○ 그가 내게 이르시되 인자야 네가
이것을 보았느냐 하시고 나를 인도하
여 강 가로 돌아가게 하시기로
7 내가 돌아가니 강 좌우편에 나무가
심히 많더라
8 그가 내게 이르시되 이 물이 동쪽으
로 향하여 흘러 아라바로 내려가서
바다에 이르리니 이 흘러 내리는 물
로 그 바다의 물이 되살아나리라

2】

3】

4】

5】

6】

7】

8】

9 이 강물이 이르는 곳마다 번성하는
모든 생물이 살고 또 고기가 심히 많
으리니 이 물이 흘러 들어가므로 바
닷물이 되살아나겠고 이 강이 이르는
각처에 모든 것이 살 것이며
10 또 이 강 가에 어부가 설 것이니 엔게
디에서부터 에네글라임까지 그물 치
는 곳이 될 것이라 그 고기가 각기 종
류를 따라 큰 바다의 고기 같이 심히
많으려니와
11 그 진펄과 개펄은 되살아나지 못하고
소금 땅이 될 것이며
12 강 좌우 가에는 각종 먹을 과실나무
가 자라서 그 잎이 시들지 아니하며
열매가 끊이지 아니하고 달마다 새
열매를 맺으리니 그 물이 성소를 통
하여 나옴이라 그 열매는 먹을 만하
고 그 잎사귀는 약 재료가 되리라

땅의 경계선과 분배

13 ○ 주 여호와께서 이같이 말씀하셨느
니라 너희는 이 경계선대로 이스라엘
열두 지파에게 이 땅을 나누어 기업이
되게 하되 요셉에게는 두 몫이니라
14 내가 옛적에 내 손을 들어 맹세하여
이 땅을 너희 조상들에게 주겠다고
하였나니 너희는 공평하게 나누어 기
업을 삼으라 이 땅이 너희의 기업이

9】

10】

11】

12】

13】

14】

되리라
15 이 땅 경계선은 이러하니라 북쪽은
대해에서 헤들론 길을 거쳐 스닷 어
귀까지니
16 곧 하맛과 브로다며 다메섹 경계선과
하맛 경계선 사이에 있는 시브라임과
하우란 경계선 곁에 있는 하셀핫디곤
이라
17 그 경계선이 바닷가에서부터 다메섹
경계선에 있는 하살에논까지요 그 경
계선이 또 북쪽 끝에 있는 하맛 경계
선에 이르렀나니 이는 그 북쪽이요
18 동쪽은 하우란과 다메섹과 및 길르앗
과 이스라엘 땅 사이에 있는 요단 강
이니 북쪽 경계선에서부터 동쪽 바다
까지 측량하라 이는 그 동쪽이요
19 남쪽은 다말에서부터 므리봇 가데스
물에 이르고 애굽 시내를 따라 대해
에 이르나니 이는 그 남쪽이요
20 서쪽은 대해라 남쪽 경계선에서부터
맞은쪽 하맛 어귀까지 이르나니 이는
그 서쪽이니라
21 ○ 그런즉 너희가 이스라엘 모든 지
파대로 이 땅을 나누어 차지하라
22 너희는 이 땅을 나누되 제비 뽑아 너
희와 너희 가운데에 머물러 사는 타
국인 곧 너희 가운데에서 자녀를 낳

15】
16】
17】
18】
19】
20】
21】
22】

은 자의 기업이 되게 할지니 너희는
그 타국인을 본토에서 난 이스라엘 족
속 같이 여기고 그들도 이스라엘 지파
중에서 너희와 함께 기업을 얻게 하되
23 타국인이 머물러 사는 그 지파에서
그 기업을 줄지니라 주 여호와의 말
씀이니라

23】

각 지파의 몫과 거룩한 땅

48 1 모든 지파의 이름은 이와 같으니
라 북쪽 끝에서부터 헤들론 길을
거쳐 하맛 어귀를 지나서 다메섹 경
계선에 있는 하살에논까지 곧 북쪽으
로 하맛 경계선에 미치는 땅 동쪽에
서 서쪽까지는 단의 몫이요
2 단 경계선 다음으로 동쪽에서 서쪽까
지는 아셀의 몫이요
3 아셀 경계선 다음으로 동쪽에서 서쪽
까지는 납달리의 몫이요
4 납달리 경계선 다음으로 동쪽에서 서
쪽까지는 므낫세의 몫이요
5 므낫세 경계선 다음으로 동쪽에서 서
쪽까지는 에브라임의 몫이요
6 에브라임 경계선 다음으로 동쪽에서
서쪽까지는 르우벤의 몫이요
7 르우벤 경계선 다음으로 동쪽에서 서
쪽까지는 유다의 몫이요

1】
2】
3】
4】
5】
6】
7】

8 유다 경계선 다음으로 동쪽에서 서
쪽까지는 너희가 예물로 드릴 땅이
라 너비는 이만 오천 척이요 길이는
다른 몫의 동쪽에서 서쪽까지와 같고
성소는 그 중앙에 있을지니
9 곧 너희가 여호와께 드려 예물로 삼
을 땅의 길이는 이만 오천 척이요 너
비는 만 척이라
10 이 드리는 거룩한 땅은 제사장에게
돌릴지니 북쪽으로 길이가 이만 오
천 척이요 서쪽으로 너비는 만 척이
요 동쪽으로 너비가 만 척이요 남쪽
으로 길이가 이만 오천 척이라 그 중
앙에 여호와의 성소가 있게 하고
11 이 땅을 사독의 자손 중에서 거룩하
게 구별한 제사장에게 돌릴지어다 그
들은 직분을 지키고 이스라엘 족속이
그릇될 때에 레위 사람이 그릇된 것
처럼 그릇되지 아니하였느니라
12 땅의 예물 중에서 그들이 예물을 받
을지니 레위인의 접경지에 관한 가장
거룩한 예물이니라
13 ○ 제사장의 경계선을 따라 레위 사
람의 몫을 주되 길이는 이만 오천 척
이요 너비는 만 척으로 할지니 이 구
역의 길이가 이만 오천 척이요 너비
가 각기 만 척이라

8】

9】

10】

11】

12】

13】

14 그들이 그 땅을 팔지도 못하며 바꾸
지도 못하며 그 땅의 처음 익은 열매
를 남에게 주지도 못하리니 이는 여
호와께 거룩히 구별한 것임이라
15 ○ 이 이만 오천 척 다음으로 너비 오
천 척은 속된 땅으로 구분하여 성읍
을 세우며 거주하는 곳과 전원을 삼
되 성읍이 그 중앙에 있게 할지니
16 그 크기는 북쪽도 사천오백 척이요
남쪽도 사천오백 척이요 동쪽도 사천
오백 척이요 서쪽도 사천오백 척이며
17 그 성읍의 들은 북쪽으로 이백오십
척이요 남쪽으로 이백오십 척이요 동
쪽으로 이백오십 척이요 서쪽으로 이
백오십 척이며
18 예물을 삼아 거룩히 구별할 땅과 연
접하여 남아 있는 땅의 길이는 동쪽
으로 만 척이요 서쪽으로 만 척이라
곧 예물을 삼아 거룩하게 구별할 땅
과 연접하였으며 그 땅의 소산을 성
읍에서 일하는 자의 양식을 삼을지라
19 이스라엘 모든 지파 가운데에 그 성
읍에서 일하는 자는 그 땅을 경작할
지니라
20 그런즉 예물로 드리는 땅의 합계는
길이도 이만 오천 척이요 너비도 이
만 오천 척이라 너희가 거룩히 구별

14】
15】
16】
17】
18】
19】
20】

하여 드릴 땅은 성읍의 기지와 합하
여 네모 반듯할 것이니라
21 ○ 거룩하게 구별할 땅과 성읍의 기
지 좌우편에 남은 땅은 군주에게 돌
릴지니 곧 거룩하게 구별할 땅의 동
쪽을 향한 그 경계선 앞 이만 오천 척
과 서쪽을 향한 그 경계선 앞 이만 오
천 척이라 다른 몫들과 연접한 땅이
니 이것을 군주에게 돌릴 것이며 거
룩하게 구별할 땅과 성전의 성소가
그 중앙에 있으리라
22 그런즉 군주에게 돌려 그에게 속할
땅은 레위 사람의 기업 좌우편과 성
읍의 기지 좌우편이며 유다 지경과
베냐민 지경 사이에 있을지니라

나머지 지파들의 몫

23 ○ 그 나머지 모든 지파는 동쪽에서
서쪽까지는 베냐민의 몫이요
24 베냐민 경계선 다음으로 동쪽에서 서
쪽까지는 시므온의 몫이요
25 시므온 경계선 다음으로 동쪽에서 서
쪽까지는 잇사갈의 몫이요
26 잇사갈 경계선 다음으로 동쪽에서 서
쪽까지는 스불론의 몫이요
27 스불론 경계선 다음으로 동쪽에서 서
쪽까지는 갓의 몫이며
28 갓 경계선 다음으로 남쪽 경계선은

21】

22】

23】

24】

25】

26】

27】

28】

다말에서부터 므리바가데스 샘에 이
르고 애굽 시내를 따라 대해에 이르
나니
29 이것은 너희가 제비 뽑아 이스라엘
지파에게 나누어 주어 기업이 되게
할 땅이요 또 이것들은 그들의 몫이
니라 주 여호와의 말씀이니라

예루살렘 성읍의 문들

30 ○ 그 성읍의 출입구는 이러하니라
북쪽의 너비가 사천오백 척이라
31 그 성읍의 문들은 이스라엘 지파들의
이름을 따를 것인데 북쪽으로 문이
셋이라 하나는 르우벤 문이요 하나는
유다 문이요 하나는 레위 문이며
32 동쪽의 너비는 사천오백 척이니 또한
문이 셋이라 하나는 요셉 문이요 하나
는 베냐민 문이요 하나는 단 문이며
33 남쪽의 너비는 사천오백 척이니 또
한 문이 셋이라 하나는 시므온 문이
요 하나는 잇사갈 문이요 하나는 스
불론 문이며
34 서쪽도 사천오백 척이니 또한 문이
셋이라 하나는 갓 문이요 하나는 아
셀 문이요 하나는 납달리 문이며
35 그 사방의 합계는 만 팔천 척이라 그
날 후로는 그 성읍의 이름을 여호와
삼마라 하리라

29】

30】

31】

32】

33】

34】

35】

다니엘

느브갓네살 왕국의 소년들

1 1 유다 왕 여호야김이 다스린 지 삼
년이 되는 해에 바벨론 왕 느부갓
네살이 예루살렘에 이르러 성을 에워
쌌더니
2 주께서 유다 왕 여호야김과 하나님의
전 그릇 얼마를 그의 손에 넘기시매
그가 그것을 가지고 시날 땅 자기 신
들의 신전에 가져다가 그 신들의 보
물 창고에 두었더라
3 왕이 환관장 아스부나스에게 말하여
이스라엘 자손 중에서 왕족과 귀족
몇 사람
4 곧 흠이 없고 용모가 아름다우며 모
든 지혜를 통찰하며 지식에 통달하
며 학문에 익숙하여 왕궁에 설 만한
소년을 데려오게 하였고 그들에게 갈
대아 사람의 학문과 언어를 가르치게
하였고
5 또 왕이 지정하여 그들에게 왕의 음
식과 그가 마시는 포도주에서 날마다
쓸 것을 주어 삼 년을 기르게 하였으
니 그 후에 그들은 왕 앞에 서게 될 것

1】

2】

3】

4】

5】

이더라
6 그들 가운데는 유다 자손 곧 다니엘
과 하나냐와 미사엘과 아사랴가 있었
더니
7 환관장이 그들의 이름을 고쳐 다니엘
은 벨드사살이라 하고 하나냐는 사드
락이라 하고 미사엘은 메삭이라 하고
아사랴는 아벳느고라 하였더라
8 ○ 다니엘은 뜻을 정하여 왕의 음식
과 그가 마시는 포도주로 자기를 더
럽히지 아니하리라 하고 자기를 더럽
히지 아니하도록 환관장에게 구하니
9 하나님이 다니엘로 하여금 환관장에
게 은혜와 긍휼을 얻게 하신지라
10 환관장이 다니엘에게 이르되 내가 내
주 왕을 두려워하노라 그가 너희 먹
을 것과 너희 마실 것을 지정하셨거
늘 너희의 얼굴이 초췌하여 같은 또
래의 소년들만 못한 것을 그가 보게
할 것이 무엇이냐 그렇게 되면 너희
때문에 내 머리가 왕 앞에서 위태롭
게 되리라 하니라
11 환관장이 다니엘과 하나냐와 미사엘
과 아사랴를 감독하게 한 자에게 다
니엘이 말하되
12 청하오니 당신의 종들을 열흘 동안
시험하여 채식을 주어 먹게 하고 물

6】

7】

8】

9】

10】

11】

12】

을 주어 마시게 한 후에
13 당신 앞에서 우리의 얼굴과 왕의 음
식을 먹는 소년들의 얼굴을 비교하여
보아서 당신이 보는 대로 종들에게
행하소서 하매
14 그가 그들의 말을 따라 열흘 동안 시
험하더니
15 열흘 후에 그들의 얼굴이 더욱 아름
답고 살이 더욱 윤택하여 왕의 음식
을 먹는 다른 소년들보다 더 좋아 보
인지라
16 그리하여 감독하는 자가 그들에게 지
정된 음식과 마실 포도주를 제하고
채식을 주니라
17 ○ 하나님이 이 네 소년에게 학문을
주시고 모든 서적을 깨닫게 하시고
지혜를 주셨으니 다니엘은 또 모든
환상과 꿈을 깨달아 알더라
18 왕이 말한 대로 그들을 불러들일 기
한이 찼으므로 환관장이 그들을 느부
갓네살 앞으로 데리고 가니
19 왕이 그들과 말하여 보매 무리 중에
다니엘과 하나냐와 미사엘과 아사랴
와 같은 자가 없으므로 그들을 왕 앞
에 서게 하고
20 왕이 그들에게 모든 일을 묻는 중에
그 지혜와 총명이 온 나라 박수와 술

13】

14】

15】

16】

17】

18】

19】

20】

객보다 십 배나 나은 줄을 아니라
21 다니엘은 고레스 왕 원년까지 있으
니라

21】

느부갓네살의 꿈

2 1 느부갓네살이 다스린 지 이 년이
되는 해에 느부갓네살이 꿈을 꾸고
그로 말미암아 마음이 번민하여 잠을
이루지 못한지라
2 왕이 그의 꿈을 자기에게 알려 주도
록 박수와 술객과 점쟁이와 갈대아
술사를 부르라 말하매 그들이 들어가
서 왕의 앞에 선지라
3 왕이 그들에게 이르되 내가 꿈을 꾸
고 그 꿈을 알고자 하여 마음이 번민
하도다 하니
4 갈대아 술사들이 아람 말로 왕에게 말
하되 왕이여 만수무강 하옵소서 왕께
서 그 꿈을 종들에게 이르시면 우리
가 해석하여 드리겠나이다 하는지라
5 왕이 갈대아인들에게 대답하여 이르
되 내가 명령을 내렸나니 너희가 만
일 꿈과 그 해석을 내게 알게 하지 아
니하면 너희 몸을 쪼갤 것이며 너희
의 집을 거름더미로 만들 것이요
6 너희가 만일 꿈과 그 해석을 보이면
너희가 선물과 상과 큰 영광을 내게

1】

2】

3】

4】

5】

6】

서 얻으리라 그런즉 꿈과 그 해석을
내게 보이라 하니
7 그들이 다시 대답하여 이르되 원하건
대 왕은 꿈을 종들에게 이르소서 그
리하시면 우리가 해석하여 드리겠나
이다 하니
8 왕이 대답하여 이르되 내가 분명히 아
노라 너희가 나의 명령이 내렸음을 보
았으므로 시간을 지연하려 함이로다
9 너희가 만일 이 꿈을 내게 알게 하지
아니하면 너희를 처치할 법이 오직 하
나이니 이는 너희가 거짓말과 망령된
말을 내 앞에서 꾸며 말하여 때가 변
하기를 기다리려 함이라 이제 그 꿈을
내게 알게 하라 그리하면 너희가 그
해석도 보일 줄을 내가 알리라 하더라
10 갈대아인들이 왕 앞에 대답하여 이르
되 세상에는 왕의 그 일을 보일 자가
한 사람도 없으므로 어떤 크고 권력
있는 왕이라도 이런 것으로 박수에게
나 술객에게나 갈대아인들에게 물은
자가 없었나이다
11 왕께서 물으신 것은 어려운 일이라
육체와 함께 살지 아니하는 신들 외
에는 왕 앞에 그것을 보일 자가 없나
이다 한지라
12 왕이 이로 말미암아 진노하고 통분하

7】

8】

9】

10】

11】

12】

여 바벨론의 모든 지혜자들을 다 죽
이라 명령하니라
13 왕의 명령이 내리매 지혜자들은 죽게
되었고 다니엘과 그의 친구들도 죽이
려고 찾았더라

다니엘에게 은밀한 것을 보이시다

14 ○ 그 때에 왕의 근위대장 아리옥이
바벨론 지혜자들을 죽이러 나가매 다
니엘이 명철하고 슬기로운 말로
15 왕의 근위대장 아리옥에게 물어 이르
되 왕의 명령이 어찌 그리 급하냐 하니
아리옥이 그 일을 다니엘에게 알리매
16 다니엘이 들어가서 왕께 구하기를 시
간을 주시면 왕에게 그 해석을 알려
드리리이다 하니라
17 ○ 이에 다니엘이 자기 집으로 돌아
가서 그 친구 하나냐와 미사엘과 아
사랴에게 그 일을 알리고
18 하늘에 계신 하나님이 이 은밀한 일
에 대하여 불쌍히 여기사 다니엘과
친구들이 바벨론의 다른 지혜자들과
함께 죽임을 당하지 않게 하시기를
그들로 하여금 구하게 하니라
19 이에 이 은밀한 것이 밤에 환상으로
다니엘에게 나타나 보이매 다니엘이
하늘에 계신 하나님을 찬송하니라
20 다니엘이 말하여 이르되 영원부터 영

13】

14】

15】

16】

17】

18】

19】

20】

원까지 하나님의 이름을 찬송할 것은
지혜와 능력이 그에게 있음이로다
21 그는 때와 계절을 바꾸시며 왕들을
폐하시고 왕들을 세우시며 지혜자에
게 지혜를 주시고 총명한 자에게 지
식을 주시는도다
22 그는 깊고 은밀한 일을 나타내시고
어두운 데에 있는 것을 아시며 또 빛
이 그와 함께 있도다
23 나의 조상들의 하나님이여 주께서 이
제 내게 지혜와 능력을 주시고 우리
가 주께 구한 것을 내게 알게 하셨사
오니 내가 주께 감사하고 주를 찬양
하나이다 곧 주께서 왕의 그 일을 내
게 보이셨나이다 하니라
24 이에 다니엘은 왕이 바벨론 지혜자들
을 죽이라 명령한 아리옥에게로 가서
그에게 이같이 이르되 바벨론 지혜자
들을 죽이지 말고 나를 왕의 앞으로
인도하라 그리하면 내가 그 해석을
왕께 알려 드리리라 하니

다니엘이 꿈을 해석하다

25 ○ 이에 아리옥이 다니엘을 데리고
급히 왕 앞에 들어가서 아뢰되 내가
사로잡혀 온 유다 자손 중에서 한 사
람을 찾아내었나이다 그가 그 해석을
왕께 알려 드리리이다 하니라

21】

22】

23】

24】

25】

26 왕이 대답하여 벨드사살이라 이름한
다니엘에게 이르되 내가 꾼 꿈과 그
해석을 네가 능히 내게 알게 하겠느
냐 하니
27 다니엘이 왕 앞에 대답하여 이르되
왕이 물으신 바 은밀한 것은 지혜자
나 술객이나 박수나 점쟁이가 능히
왕께 보일 수 없으되
28 오직 은밀한 것을 나타내실 이는 하늘
에 계신 하나님이시라 그가 느부갓네
살 왕에게 후일에 될 일을 알게 하셨
나이다 왕의 꿈 곧 왕이 침상에서 머
리 속으로 받은 환상은 이러하니이다
29 왕이여 왕이 침상에서 장래 일을 생
각하실 때에 은밀한 것을 나타내시는
이가 장래 일을 왕에게 알게 하셨사
오며
30 내게 이 은밀한 것을 나타내심은 내
지혜가 모든 사람보다 낫기 때문이
아니라 오직 그 해석을 왕에게 알려
서 왕이 마음으로 생각하던 것을 왕
에게 알려 주려 하심이니이다
31 ○ 왕이여 왕이 한 큰 신상을 보셨나
이다 그 신상이 왕의 앞에 섰는데 크
고 광채가 매우 찬란하며 그 모양이
심히 두려우니
32 그 우상의 머리는 순금이요 가슴과 두

26】

27】

28】

29】

30】

31】

32】

팔은 은이요 배와 넓적다리는 놋이요
33 그 종아리는 쇠요 그 발은 얼마는 쇠
요 얼마는 진흙이었나이다
34 또 왕이 보신즉 손대지 아니한 돌이
나와서 신상의 쇠와 진흙의 발을 쳐
서 부서뜨리매
35 그 때에 쇠와 진흙과 놋과 은과 금이
다 부서져 여름 타작 마당의 겨 같이
되어 바람에 불려 간 곳이 없었고 우
상을 친 돌은 태산을 이루어 온 세계
에 가득하였나이다
36 ○ 그 꿈이 이러한즉 내가 이제 그 해
석을 왕 앞에 아뢰리이다
37 왕이여 왕은 여러 왕들 중의 왕이시
라 하늘의 하나님이 나라와 권세와
능력과 영광을 왕에게 주셨고
38 사람들과 들짐승과 공중의 새들, 어
느 곳에 있는 것을 막론하고 그것들
을 왕의 손에 넘기사 다 다스리게 하
셨으니 왕은 곧 그 금 머리니이다
39 왕을 뒤이어 왕보다 못한 다른 나라
가 일어날 것이요 셋째로 또 놋 같은
나라가 일어나서 온 세계를 다스릴
것이며
40 넷째 나라는 강하기가 쇠 같으리니
쇠는 모든 물건을 부서뜨리고 이기는
것이라 쇠가 모든 것을 부수는 것 같

33】

34】

35】

36】

37】

38】

39】

40】

이 그 나라가 뭇 나라를 부서뜨리고
찧을 것이며
41 왕께서 그 발과 발가락이 얼마는 토기
장이의 진흙이요 얼마는 쇠인 것을 보
셨은즉 그 나라가 나누일 것이며 왕
께서 쇠와 진흙이 섞인 것을 보셨은
즉 그 나라가 쇠 같은 든든함이 있을
것이나
42 그 발가락이 얼마는 쇠요 얼마는 진
흙인즉 그 나라가 얼마는 든든하고
얼마는 부서질 만할 것이며
43 왕께서 쇠와 진흙이 섞인 것을 보셨
은즉 그들이 다른 민족과 서로 섞일
것이나 그들이 피차에 합하지 아니함
이 쇠와 진흙이 합하지 않음과 같으
리이다
44 이 여러 왕들의 시대에 하늘의 하나님
이 한 나라를 세우시리니 이것은 영원
히 망하지도 아니할 것이요 그 국권이
다른 백성에게로 돌아가지도 아니할
것이요 도리어 이 모든 나라를 쳐서
멸망시키고 영원히 설 것이라
45 손대지 아니한 돌이 산에서 나와서
쇠와 놋과 진흙과 은과 금을 부서뜨
린 것을 왕께서 보신 것은 크신 하나
님이 장래 일을 왕께 알게 하신 것이
라 이 꿈은 참되고 이 해석은 확실하

41】

42】

43】

44】

45】

니이다 하니

왕이 다니엘을 높이다

46 ○ 이에 느부갓네살 왕이 엎드려 다
니엘에게 절하고 명하여 예물과 향품
을 그에게 주게 하니라
47 왕이 대답하여 다니엘에게 이르되 너
희 하나님은 참으로 모든 신들의 신이
시요 모든 왕의 주재시로다 네가 능히
이 은밀한 것을 나타내었으니 네 하나
님은 또 은밀한 것을 나타내시는 이
시로다
48 왕이 이에 다니엘을 높여 귀한 선물
을 많이 주며 그를 세워 바벨론 온 지
방을 다스리게 하며 또 바벨론 모든
지혜자의 어른을 삼았으며
49 왕이 또 다니엘의 요구대로 사드락과
메삭과 아벳느고를 세워 바벨론 지방
의 일을 다스리게 하였고 다니엘은
왕궁에 있었더라

46】

47】

48】

49】

금 신상 숭배

3 1 느부갓네살 왕이 금으로 신상을
만들었으니 높이는 육십 규빗이요
너비는 여섯 규빗이라 그것을 바벨론
지방의 두라 평지에 세웠더라
2 느부갓네살 왕이 사람을 보내어 총독
과 수령과 행정관과 모사와 재무관과

1】

2】

재판관과 법률사와 각 지방 모든 관
원을 느부갓네살 왕이 세운 신상의
낙성식에 참석하게 하매
3 이에 총독과 수령과 행정관과 모사와
재무관과 재판관과 법률사와 각 지방
모든 관원이 느부갓네살 왕이 세운
신상의 낙성식에 참석하여 느부갓네
살 왕이 세운 신상 앞에 서니라
4 선포하는 자가 크게 외쳐 이르되 백
성들과 나라들과 각 언어로 말하는 자
들아 왕이 너희 무리에게 명하시나니
5 너희는 나팔과 피리와 수금과 삼현금
과 양금과 생황과 및 모든 악기 소리
를 들을 때에 엎드리어 느부갓네살
왕이 세운 금 신상에게 절하라
6 누구든지 엎드려 절하지 아니하는 자
는 즉시 맹렬히 타는 풀무불에 던져
넣으리라 하였더라
7 모든 백성과 나라들과 각 언어를 말
하는 자들이 나팔과 피리와 수금과
삼현금과 양금과 및 모든 악기 소리
를 듣자 곧 느부갓네살 왕이 세운 금
신상에게 엎드려 절하니라

다니엘의 세 친구

8 ○ 그 때에 어떤 갈대아 사람들이 나
아와 유다 사람들을 참소하니라
9 그들이 느부갓네살 왕에게 이르되 왕

3】

4】

5】

6】

7】

8】

9】

이여 만수무강 하옵소서
10 왕이여 왕이 명령을 내리사 모든 사람
이 나팔과 피리와 수금과 삼현금과 양
금과 생황과 및 모든 악기 소리를 듣
거든 엎드려 금 신상에게 절할 것이라
11 누구든지 엎드려 절하지 아니하는 자
는 맹렬히 타는 풀무불 가운데에 던
져 넣음을 당하리라 하지 아니하셨나
이까
12 이제 몇 유다 사람 사드락과 메삭과
아벳느고는 왕이 세워 바벨론 지방을
다스리게 하신 자이거늘 왕이여 이
사람들이 왕을 높이지 아니하며 왕의
신들을 섬기지 아니하며 왕이 세우신
금 신상에게 절하지 아니하나이다
13 ○ 느부갓네살 왕이 노하고 분하여
사드락과 메삭과 아벳느고를 끌어오
라 말하매 드디어 그 사람들을 왕의
앞으로 끌어온지라
14 느부갓네살이 그들에게 물어 이르되
사드락, 메삭, 아벳느고야 너희가 내 신
을 섬기지 아니하며 내가 세운 금 신상
에게 절하지 아니한다 하니 사실이냐
15 이제라도 너희가 준비하였다가 나팔과
피리와 수금과 삼현금과 양금과 생황
과 및 모든 악기 소리를 들을 때 내가
만든 신상 앞에 엎드려 절하면 좋거니

10】
11】
12】
13】
14】
15】

와 너희가 만일 절하지 아니하면 즉시
너희를 맹렬히 타는 풀무불 가운데에
던져 넣을 것이니 능히 너희를 내 손
에서 건져낼 신이 누구이겠느냐 하니
16 사드락과 메삭과 아벳느고가 왕에게
대답하여 이르되 느부갓네살이여 우
리가 이 일에 대하여 왕에게 대답할
필요가 없나이다
17 왕이여 우리가 섬기는 하나님이 계시
다면 우리를 맹렬히 타는 풀무불 가
운데에서 능히 건져내시겠고 왕의 손
에서도 건져내시리이다
18 그렇게 하지 아니하실지라도 왕이여
우리가 왕의 신들을 섬기지도 아니하
고 왕이 세우신 금 신상에게 절하지
도 아니할 줄을 아옵소서

세 친구를 풀무불에 던지다

19 ○ 느부갓네살이 분이 가득하여 사드
락과 메삭과 아벳느고를 향하여 얼굴
빛을 바꾸고 명령하여 이르되 그 풀
무불을 뜨겁게 하기를 평소보다 칠
배나 뜨겁게 하라 하고
20 군대 중 용사 몇 사람에게 명령하여
사드락과 메삭과 아벳느고를 결박하
여 극렬히 타는 풀무불 가운데에 던
지라 하니라
21 그러자 그 사람들을 겉옷과 속옷과 모

16】

17】

18】

19】

20】

21】

자와 다른 옷을 입은 채 결박하여 맹
렬히 타는 풀무불 가운데에 던졌더라
22 왕의 명령이 엄하고 풀무불이 심히
뜨거우므로 불꽃이 사드락과 메삭과
아벳느고를 붙든 사람을 태워 죽였고
23 이 세 사람 사드락과 메삭과 아벳느
고는 결박된 채 맹렬히 타는 풀무불
가운데에 떨어졌더라

왕이 세 친구를 높이다

24 ○ 그 때에 느부갓네살 왕이 놀라 급
히 일어나서 모사들에게 물어 이르되
우리가 결박하여 불 가운데에 던진
자는 세 사람이 아니었느냐 하니 그
들이 왕에게 대답하여 이르되 왕이여
옳소이다 하더라
25 왕이 또 말하여 이르되 내가 보니 결박
되지 아니한 네 사람이 불 가운데로 다
니는데 상하지도 아니하였고 그 넷째
의 모양은 신들의 아들과 같도다 하고
26 느부갓네살이 맹렬히 타는 풀무불 아
귀 가까이 가서 불러 이르되 지극히
높으신 하나님의 종 사드락, 메삭, 아
벳느고야 나와서 이리로 오라 하매
사드락과 메삭과 아벳느고가 불 가운
데에서 나온지라
27 총독과 지사와 행정관과 왕의 모사
들이 모여 이 사람들을 본즉 불이 능

22】

23】

24】

25】

26】

27】

히 그들의 몸을 해하지 못하였고 머
리털도 그을리지 아니하였고 겉옷 빛
도 변하지 아니하였고 불 탄 냄새도
없었더라
28 ○ 느부갓네살이 말하여 이르되 사드
락과 메삭과 아벳느고의 하나님을 찬
송할지로다 그가 그의 천사를 보내사
자기를 의뢰하고 그들의 몸을 바쳐 왕
의 명령을 거역하고 그 하나님 밖에는
다른 신을 섬기지 아니하며 그에게 절
하지 아니한 종들을 구원하셨도다
29 그러므로 내가 이제 조서를 내리노니
각 백성과 각 나라와 각 언어를 말하
는 자가 모두 사드락과 메삭과 아벳
느고의 하나님께 경솔히 말하거든 그
몸을 쪼개고 그 집을 거름터로 삼을
지니 이는 이같이 사람을 구원할 다
른 신이 없음이니라 하더라
30 왕이 드디어 사드락과 메삭과 아벳느
고를 바벨론 지방에서 더욱 높이니라

28】

29】

30】

느부갓네살 왕의 두 번째 꿈

4
1 느부갓네살 왕은 천하에 거주하는
모든 백성들과 나라들과 각 언어를
말하는 자들에게 조서를 내리노라 원
하노니 너희에게 큰 평강이 있을지
어다

1】

2 지극히 높으신 하나님이 내게 행하신
이적과 놀라운 일을 내가 알게 하기
를 즐겨 하노라
3 참으로 크도다 그의 이적이여, 참으
로 능하도다 그의 놀라운 일이여, 그
의 나라는 영원한 나라요 그의 통치
는 대대에 이르리로다
4 ○ 나 느부갓네살이 내 집에 편히 있
으며 내 궁에서 평강할 때에
5 한 꿈을 꾸고 그로 말미암아 두려워
하였으니 곧 내 침상에서 생각하는
것과 머리 속으로 받은 환상으로 말
미암아 번민하였었노라
6 이러므로 내가 명령을 내려 바벨론의
모든 지혜자들을 내 앞으로 불러다가
그 꿈의 해석을 내게 알게 하라 하였
더라
7 그 때에 박수와 술객과 갈대아 술사
와 점쟁이가 들어왔으므로 내가 그
꿈을 그들에게 말하였으나 그들이 그
해석을 내게 알려 주지 못하였느니라
8 그 후에 다니엘이 내 앞에 들어왔으
니 그는 내 신의 이름을 따라 벨드사
살이라 이름한 자요 그의 안에는 거
룩한 신들의 영이 있는 자라 내가 그
에게 꿈을 말하여 이르되
9 박수장 벨드사살아 네 안에는 거룩한

2】
3】
4】
5】
6】
7】
8】
9】

신들의 영이 있은즉 어떤 은밀한 것
이라도 네게는 어려울 것이 없는 줄
을 내가 아노니 내 꿈에 본 환상의 해
석을 내게 말하라
10 내가 침상에서 나의 머리 속으로 받
은 환상이 이러하니라 내가 본즉 땅
의 중앙에 한 나무가 있는 것을 보았
는데 높이가 높더니
11 그 나무가 자라서 견고하여지고 그
높이는 하늘에 닿았으니 그 모양이
땅 끝에서도 보이겠고
12 그 잎사귀는 아름답고 그 열매는 많아
서 만민의 먹을 것이 될 만하고 들짐
승이 그 그늘에 있으며 공중에 나는
새는 그 가지에 깃들이고 육체를 가진
모든 것이 거기에서 먹을 것을 얻더라
13 내가 침상에서 머리 속으로 받은 환
상 가운데에 또 본즉 한 순찰자, 한 거
룩한 자가 하늘에서 내려왔는데
14 그가 소리 질러 이처럼 이르기를 그
나무를 베고 그 가지를 자르고 그 잎
사귀를 떨고 그 열매를 헤치고 짐승
들을 그 아래에서 떠나게 하고 새들
을 그 가지에서 쫓아내라
15 그러나 그 뿌리의 그루터기를 땅에
남겨 두고 쇠와 놋줄로 동이고 그것
을 들 풀 가운데에 두어라 그것이 하

10】

11】

12】

13】

14】

15】

늘 이슬에 젖고 땅의 풀 가운데에서
짐승과 더불어 제 몫을 얻으리라
16 또 그 마음은 변하여 사람의 마음 같
지 아니하고 짐승의 마음을 받아 일
곱 때를 지내리라
17 이는 순찰자들의 명령대로요 거룩한
자들의 말대로이니 지극히 높으신 이
가 사람의 나라를 다스리시며 자기의
뜻대로 그것을 누구에게든지 주시며
또 지극히 천한 자를 그 위에 세우시
는 줄을 사람들이 알게 하려 함이라
하였느니라
18 나 느부갓네살 왕이 이 꿈을 꾸었나
니 너 벨드사살아 그 해석을 밝히 말
하라 내 나라 모든 지혜자가 능히 내
게 그 해석을 알게 하지 못하였으나
오직 너는 능히 하리니 이는 거룩한
신들의 영이 네 안에 있음이라

다니엘의 꿈 해석

19 ○ 벨드사살이라 이름한 다니엘이 한
동안 놀라며 마음으로 번민하는지라
왕이 그에게 말하여 이르기를 벨드사
살아 너는 이 꿈과 그 해석으로 말미암
아 번민할 것이 아니니라 벨드사살이
대답하여 이르되 내 주여 그 꿈은 왕을
미워하는 자에게 응하며 그 해석은 왕
의 대적에게 응하기를 원하나이다

16】
17】
18】
19】

20 왕께서 보신 그 나무가 자라서 견고
하여지고 그 높이는 하늘에 닿았으니
땅 끝에서도 보이겠고
21 그 잎사귀는 아름답고 그 열매는 많
아서 만민의 먹을 것이 될 만하고 들
짐승은 그 아래에 살며 공중에 나는
새는 그 가지에 깃들었나이다
22 왕이여 이 나무는 곧 왕이시라 이는
왕이 자라서 견고하여지고 창대하사
하늘에 닿으시며 권세는 땅 끝까지
미치심이니이다
23 왕이 보신즉 한 순찰자, 한 거룩한 자
가 하늘에서 내려와서 이르기를 그 나
무를 베어 없애라 그러나 그 뿌리의
그루터기는 땅에 남겨 두고 쇠와 놋줄
로 동이고 그것을 들 풀 가운데에 두
라 그것이 하늘 이슬에 젖고 또 들짐
승들과 더불어 제 몫을 얻으며 일곱
때를 지내리라 하였나이다
24 왕이여 그 해석은 이러하니이다 곧
지극히 높으신 이가 명령하신 것이
내 주 왕에게 미칠 것이라
25 왕이 사람에게서 쫓겨나서 들짐승과
함께 살며 소처럼 풀을 먹으며 하늘
이슬에 젖을 것이요 이와 같이 일곱
때를 지낼 것이라 그 때에 지극히 높
으신 이가 사람의 나라를 다스리시며

20】

21】

22】

23】

24】

25】

자기의 뜻대로 그것을 누구에게든지
주시는 줄을 아시리이다
26 또 그들이 그 나무뿌리의 그루터기를
남겨 두라 하였은즉 하나님이 다스리
시는 줄을 왕이 깨달은 후에야 왕의
나라가 견고하리이다
27 그런즉 왕이여 내가 아뢰는 것을 받
으시고 공의를 행함으로 죄를 사하고
가난한 자를 긍휼히 여김으로 죄악을
사하소서 그리하시면 왕의 평안함이
혹시 장구하리이다 하니라
28 ○ 이 모든 일이 다 나 느부갓네살 왕
에게 임하였느니라
29 열두 달이 지난 후에 내가 바벨론 왕
궁 지붕에서 거닐새
30 나 왕이 말하여 이르되 이 큰 바벨론
은 내가 능력과 권세로 건설하여 나
의 도성으로 삼고 이것으로 내 위엄의
영광을 나타낸 것이 아니냐 하였더니
31 이 말이 아직도 나 왕의 입에 있을 때
에 하늘에서 소리가 내려 이르되 느
부갓네살 왕아 네게 말하노니 나라의
왕위가 네게서 떠났느니라
32 네가 사람에게서 쫓겨나서 들짐승과 함
께 살면서 소처럼 풀을 먹을 것이요 이
와 같이 일곱 때를 지내서 지극히 높으
신 이가 사람의 나라를 다스리시며 자

26】
27】
28】
29】
30】
31】
32】

기의 뜻대로 그것을 누구에게든지 주
시는 줄을 알기까지 이르리라 하더라
33 바로 그 때에 이 일이 나 느부갓네살
에게 응하므로 내가 사람에게 쫓겨나
서 소처럼 풀을 먹으며 몸이 하늘 이
슬에 젖고 머리털이 독수리 털과 같
이 자랐고 손톱은 새 발톱과 같이 되
었더라
34 ○ 그 기한이 차매 나 느부갓네살이
하늘을 우러러 보았더니 내 총명이
다시 내게로 돌아온지라 이에 내가
지극히 높으신 이에게 감사하며 영생
하시는 이를 찬양하고 경배하였나니
그 권세는 영원한 권세요 그 나라는
대대에 이르리로다
35 땅의 모든 사람들을 없는 것 같이 여
기시며 하늘의 군대에게든지 땅의 사
람에게든지 그는 자기 뜻대로 행하시
나니 그의 손을 금하든지 혹시 이르
기를 네가 무엇을 하느냐고 할 자가
아무도 없도다
36 그 때에 내 총명이 내게로 돌아왔고
또 내 나라의 영광에 대하여도 내 위
엄과 광명이 내게로 돌아왔고 또 나
의 모사들과 관원들이 내게 찾아오
니 내가 내 나라에서 다시 세움을 받
고 또 지극한 위세가 내게 더하였느

33】

34】

35】

36】

니라
37 그러므로 지금 나 느부갓네살은 하늘
의 왕을 찬양하며 칭송하며 경배하노
니 그의 일이 다 진실하고 그의 행하
심이 의로우시므로 교만하게 행하는
자를 그가 능히 낮추심이라

37】

벨사살 왕이 잔치를 베풀다

5 1 벨사살 왕이 그의 귀족 천 명을 위
하여 큰 잔치를 베풀고 그 천 명 앞
에서 술을 마시니라
2 벨사살이 술을 마실 때에 명하여 그
의 부친 느부갓네살이 예루살렘 성전
에서 탈취하여 온 금, 은 그릇을 가
져오라고 명하였으니 이는 왕과 귀족
들과 왕후들과 후궁들이 다 그것으로
마시려 함이었더라
3 이에 예루살렘 하나님의 전 성소 중
에서 탈취하여 온 금 그릇을 가져오
매 왕이 그 귀족들과 왕후들과 후궁
들과 더불어 그것으로 마시더라
4 그들이 술을 마시고는 그 금, 은, 구
리, 쇠, 나무, 돌로 만든 신들을 찬양
하니라
5 ○ 그 때에 사람의 손가락들이 나타
나서 왕궁 촛대 맞은편 석회벽에 글
자를 쓰는데 왕이 그 글자 쓰는 손가

1】
2】
3】
4】
5】

락을 본지라
6 이에 왕의 즐기던 얼굴 빛이 변하고
그 생각이 번민하여 넓적다리 마디가
녹는 듯하고 그의 무릎이 서로 부딪
친지라
7 왕이 크게 소리 질러 술객과 갈대아
술사와 점쟁이를 불러오게 하고 바벨
론의 지혜자들에게 말하되 누구를 막
론하고 이 글자를 읽고 그 해석을 내
게 보이면 자주색 옷을 입히고 금사
슬을 그의 목에 걸어 주리니 그를 나
라의 셋째 통치자로 삼으리라 하니라
8 그 때에 왕의 지혜자가 다 들어왔으
나 능히 그 글자를 읽지 못하며 그 해
석을 왕께 알려 주지 못하는지라
9 그러므로 벨사살 왕이 크게 번민하여
그의 얼굴빛이 변하였고 귀족들도 다
놀라니라
10 ○ 왕비가 왕과 그 귀족들의 말로 말
미암아 잔치하는 궁에 들어왔더니 이
에 말하여 이르되 왕이여 만수무강
하옵소서 왕의 생각을 번민하게 하지
말며 얼굴빛을 변할 것도 아니니이다
11 왕의 나라에 거룩한 신들의 영이 있
는 사람이 있으니 곧 왕의 부친 때
에 있던 자로서 명철과 총명과 지혜
가 신들의 지혜와 같은 자니이다 왕

6】

7】

8】

9】

10】

11】

의 부친 느부갓네살 왕이 그를 세워
박수와 술객과 갈대아 술사와 점쟁이
의 어른을 삼으셨으니
12 왕이 벨드사살이라 이름하는 이 다니
엘은 마음이 민첩하고 지식과 총명이
있어 능히 꿈을 해석하며 은밀한 말을
밝히며 의문을 풀 수 있었나이다 이
제 다니엘을 부르소서 그리하시면 그
가 그 해석을 알려 드리리이다 하니라

다니엘이 글을 해석하다

13 ○ 이에 다니엘이 부름을 받아 왕의
앞에 나오매 왕이 다니엘에게 말하되
네가 나의 부왕이 유다에서 사로잡아
온 유다 자손 중의 그 다니엘이냐
14 내가 네게 대하여 들은즉 네 안에는
신들의 영이 있으므로 네가 명철과
총명과 비상한 지혜가 있다 하도다
15 지금 여러 지혜자와 술객을 내 앞에 불
러다가 그들에게 이 글을 읽고 그 해석
을 내게 알게 하라 하였으나 그들이 다
그 해석을 내게 보이지 못하였느니라
16 내가 네게 대하여 들은즉 너는 해석
을 잘하고 의문을 푼다 하도다 그런즉
이제 네가 이 글을 읽고 그 해석을 내
게 알려 주면 네게 자주색 옷을 입히
고 금 사슬을 네 목에 걸어 주어 너를
나라의 셋째 통치자로 삼으리라 하니

12】

13】

14】

15】

16】

17 ○ 다니엘이 왕에게 대답하여 이르되
왕의 예물은 왕이 친히 가지시며 왕
의 상급은 다른 사람에게 주옵소서
그럴지라도 내가 왕을 위하여 이 글
을 읽으며 그 해석을 아뢰리이다
18 왕이여 지극히 높으신 하나님이 왕의
부친 느부갓네살에게 나라와 큰 권세
와 영광과 위엄을 주셨고
19 그에게 큰 권세를 주셨으므로 백성들
과 나라들과 언어가 다른 모든 사람
들이 그의 앞에서 떨며 두려워하였으
며 그는 임의로 죽이며 임의로 살리
며 임의로 높이며 임의로 낮추었더니
20 그가 마음이 높아지며 뜻이 완악하여
교만을 행하므로 그의 왕위가 폐한
바 되며 그의 영광을 빼앗기고
21 사람 중에서 쫓겨나서 그의 마음이 들
짐승의 마음과 같았고 또 들나귀와 함
께 살며 또 소처럼 풀을 먹으며 그의
몸이 하늘 이슬에 젖었으며 지극히 높
으신 하나님이 사람 나라를 다스리시
며 자기의 뜻대로 누구든지 그 자리에
세우시는 줄을 알기에 이르렀나이다
22 벨사살이여 왕은 그의 아들이 되어서
이것을 다 알고도 아직도 마음을 낮
추지 아니하고
23 도리어 자신을 하늘의 주재보다 높이

17】

18】

19】

20】

21】

22】

23】

며 그의 성전 그릇을 왕 앞으로 가져
다가 왕과 귀족들과 왕후들과 후궁들
이 다 그것으로 술을 마시고 왕이 또
보지도 듣지도 알지도 못하는 금, 은,
구리, 쇠와 나무, 돌로 만든 신상들을
찬양하고 도리어 왕의 호흡을 주장하
시고 왕의 모든 길을 작정하시는 하
나님께는 영광을 돌리지 아니한지라
24 이러므로 그의 앞에서 이 손가락이
나와서 이 글을 기록하였나이다
25 기록된 글자는 이것이니 곧 메네 메
네 데겔 우바르신이라
26 그 글을 해석하건대 메네는 하나님이
이미 왕의 나라의 시대를 세어서 그
것을 끝나게 하셨다 함이요
27 데겔은 왕을 저울에 달아 보니 부족
함이 보였다 함이요
28 베레스는 왕의 나라가 나뉘어서 메대
와 바사 사람에게 준 바 되었다 함이
니이다 하니
29 ○ 이에 벨사살이 명하여 그들이 다
니엘에게 자주색 옷을 입히게 하며
금 사슬을 그의 목에 걸어 주고 그를
위하여 조서를 내려 나라의 셋째 통
치자로 삼으니라
30 ○ 그 날 밤에 갈대아 왕 벨사살이 죽
임을 당하였고

24】

25】

26】

27】

28】

29】

30】

31 메대 사람 다리오가 나라를 얻었는데
그 때에 다리오는 육십이 세였더라

31】

사자 굴 속의 다니엘

6 1 다리오가 자기의 뜻대로 고관 백
이십 명을 세워 전국을 통치하게
하고
2 또 그들 위에 총리 셋을 두었으니 다
니엘이 그 중의 하나이라 이는 고관
들로 총리에게 자기의 직무를 보고하
게 하여 왕에게 손해가 없게 하려 함
이었더라
3 다니엘은 마음이 민첩하여 총리들과
고관들 위에 뛰어나므로 왕이 그를
세워 전국을 다스리게 하고자 한지라
4 이에 총리들과 고관들이 국사에 대하여
다니엘을 고발할 근거를 찾고자 하였
으나 아무 근거, 아무 허물도 찾지 못하
였으니 이는 그가 충성되어 아무 그릇
됨도 없고 아무 허물도 없음이었더라
5 그들이 이르되 이 다니엘은 그 하나
님의 율법에서 근거를 찾지 못하면
그를 고발할 수 없으리라 하고
6 이에 총리들과 고관들이 모여 왕에게
나아가서 그에게 말하되 다리오 왕이
여 만수무강 하옵소서
7 나라의 모든 총리와 지사와 총독과 법

1】

2】

3】

4】

5】

6】

7】

관과 관원이 의논하고 왕에게 한 법률
을 세우며 한 금령을 정하실 것을 구
하나이다 왕이여 그것은 곧 이제부터
삼십일 동안에 누구든지 왕 외의 어
떤 신에게나 사람에게 무엇을 구하면
사자 굴에 던져 넣기로 한 것이니이다
8 그런즉 왕이여 원하건대 금령을 세우
시고 그 조서에 왕의 도장을 찍어 메
대와 바사의 고치지 아니하는 규례를
따라 그것을 다시 고치지 못하게 하
옵소서 하매
9 이에 다리오 왕이 조서에 왕의 도장
을 찍어 금령을 내니라
10 ○ 다니엘이 이 조서에 왕의 도장이
찍힌 것을 알고도 자기 집에 돌아가
서는 윗방에 올라가 예루살렘으로 향
한 창문을 열고 전에 하던 대로 하루
세 번씩 무릎을 꿇고 기도하며 그의
하나님께 감사하였더라
11 그 무리들이 모여서 다니엘이 자기
하나님 앞에 기도하며 간구하는 것을
발견하고
12 이에 그들이 나아가서 왕의 금령에
관하여 왕께 아뢰되 왕이여 왕이 이
미 금령에 왕의 도장을 찍어서 이제
부터 삼십 일 동안에는 누구든지 왕
외의 어떤 신에게나 사람에게 구하면

8】

9】

10】

11】

12】

사자 굴에 던져 넣기로 하지 아니하
였나이까 하니 왕이 대답하여 이르되
이 일이 확실하니 메대와 바사의 고
치지 못하는 규례니라 하는지라
13 그들이 왕 앞에서 말하여 이르되 왕
이여 사로잡혀 온 유다 자손 중에 다
니엘이 왕과 왕의 도장이 찍힌 금령
을 존중하지 아니하고 하루 세 번씩
기도하나이다 하니
14 왕이 이 말을 듣고 그로 말미암아 심
히 근심하여 다니엘을 구원하려고 마
음을 쓰며 그를 건져내려고 힘을 다
하다가 해가 질 때에 이르렀더라
15 그 무리들이 또 모여 왕에게로 나아
와서 왕께 말하되 왕이여 메대와 바
사의 규례를 아시거니와 왕께서 세우
신 금령과 법도는 고치지 못할 것이
니이다 하니
16 ○ 이에 왕이 명령하매 다니엘을 끌
어다가 사자 굴에 던져 넣는지라 왕
이 다니엘에게 이르되 네가 항상 섬
기는 너의 하나님이 너를 구원하시리
라 하니라
17 이에 돌을 굴려다가 굴 어귀를 막으
매 왕이 그의 도장과 귀족들의 도장으
로 봉하였으니 이는 다니엘에 대한 조
치를 고치지 못하게 하려 함이었더라

13】

14】

15】

16】

17】

18 왕이 궁에 돌아가서는 밤이 새도록
금식하고 그 앞에 오락을 그치고 잠
자기를 마다하니라
19 ○ 이튿날에 왕이 새벽에 일어나 급
히 사자 굴로 가서
20 다니엘이 든 굴에 가까이 이르러서 슬
피 소리 질러 다니엘에게 묻되 살아
계시는 하나님의 종 다니엘아 네가 항
상 섬기는 네 하나님이 사자들에게서
능히 너를 구원하셨느냐 하니라
21 다니엘이 왕에게 아뢰되 왕이여 원하
건대 왕은 만수무강 하옵소서
22 나의 하나님이 이미 그의 천사를 보
내어 사자들의 입을 봉하셨으므로 사
자들이 나를 상해하지 못하였사오니
이는 나의 무죄함이 그 앞에 명백함
이오며 또 왕이여 나는 왕에게도 해
를 끼치지 아니하였나이다 하니라
23 왕이 심히 기뻐서 명하여 다니엘을
굴에서 올리라 하매 그들이 다니엘을
굴에서 올린즉 그의 몸이 조금도 상
하지 아니하였으니 이는 그가 자기의
하나님을 믿음이었더라
24 ○ 왕이 말하여 다니엘을 참소한 사
람들을 끌어오게 하고 그들을 그들의
처자들과 함께 사자 굴에 던져 넣게
하였더니 그들이 굴 바닥에 닿기도

18】
19】
20】
21】
22】
23】
24】

전에 사자들이 곧 그들을 움켜서 그
뼈까지도 부서뜨렸더라
25 ○ 이에 다리오 왕이 온 땅에 있는 모
든 백성과 나라들과 언어가 다른 모든
사람들에게 조서를 내려 이르되 원하
건대 너희에게 큰 평강이 있을지어다
26 내가 이제 조서를 내리노라 내 나라
관할 아래에 있는 사람들은 다 다니
엘의 하나님 앞에서 떨며 두려워할
지니 그는 살아 계시는 하나님이시요
영원히 변하지 않으실 이시며 그의
나라는 멸망하지 아니할 것이요 그의
권세는 무궁할 것이며
27 그는 구원도 하시며 건져내기도 하시
며 하늘에서든지 땅에서든지 이적과
기사를 행하시는 이로서 다니엘을 구
원하여 사자의 입에서 벗어나게 하셨
음이라 하였더라
28 ○ 이 다니엘이 다리오 왕의 시대와
바사 사람 고레스 왕의 시대에 형통
하였더라

25】

26】

27】

28】

네 짐승 환상

7 1 바벨론 벨사살 왕 원년에 다니엘이
그의 침상에서 꿈을 꾸며 머리 속
으로 환상을 받고 그 꿈을 기록하며
그 일의 대략을 진술하니라

1】

2 다니엘이 진술하여 이르되 내가 밤에
환상을 보았는데 하늘의 네 바람이
큰 바다로 몰려 불더니
3 큰 짐승 넷이 바다에서 나왔는데 그
모양이 각각 다르더라
4 첫째는 사자와 같은데 독수리의 날개
가 있더니 내가 보는 중에 그 날개가
뽑혔고 또 땅에서 들려서 사람처럼
두 발로 서게 함을 받았으며 또 사람
의 마음을 받았더라 또 보니
5 다른 짐승 곧 둘째는 곰과 같은데 그
것이 몸 한쪽을 들었고 그 입의 잇사
이에는 세 갈빗대가 물렸는데 그것에
게 말하는 자들이 있어 이르기를 일
어나서 많은 고기를 먹으라 하였더라
6 그 후에 내가 또 본즉 다른 짐승 곧 표
범과 같은 것이 있는데 그 등에는 새
의 날개 넷이 있고 그 짐승에게 또 머
리 넷이 있으며 권세를 받았더라
7 내가 밤 환상 가운데에 그 다음에 본
넷째 짐승은 무섭고 놀라우며 또 매
우 강하며 또 쇠로 된 큰 이가 있어
서 먹고 부서뜨리고 그 나머지를 발
로 밟았으며 이 짐승은 전의 모든 짐
승과 다르고 또 열 뿔이 있더라
8 내가 그 뿔을 유심히 보는 중에 다른
작은 뿔이 그 사이에서 나더니 첫 번

2】

3】

4】

5】

6】

7】

8】

째 뿔 중의 셋이 그 앞에서 뿌리까지
뽑혔으며 이 작은 뿔에는 사람의 눈
같은 눈들이 있고 또 입이 있어 큰 말
을 하였더라

옛적부터 항상 계신 자

9 ○ 내가 보니 왕좌가 놓이고 옛적부터
항상 계신 이가 좌정하셨는데 그의 옷
은 희기가 눈 같고 그의 머리털은 깨
끗한 양의 털 같고 그의 보좌는 불꽃
이요 그의 바퀴는 타오르는 불이며
10 불이 강처럼 흘러 그의 앞에서 나오며
그를 섬기는 자는 천천이요 그 앞에서
모셔 선 자는 만만이며 심판을 베푸는
데 책들이 펴 놓였더라
11 그 때에 내가 작은 뿔이 말하는 큰 목
소리로 말미암아 주목하여 보는 사이
에 짐승이 죽임을 당하고 그의 시체
가 상한 바 되어 타오르는 불에 던져
졌으며
12 그 남은 짐승들은 그의 권세를 빼앗겼
으나 그 생명은 보존되어 정한 시기가
이르기를 기다리게 되었더라
13 ○ 내가 또 밤 환상 중에 보니 인자 같
은 이가 하늘 구름을 타고 와서 옛적
부터 항상 계신 이에게 나아가 그 앞
으로 인도되매
14 그에게 권세와 영광과 나라를 주고 모

9】

10】

11】

12】

13】

14】

든 백성과 나라들과 다른 언어를 말
하는 모든 자들이 그를 섬기게 하였
으니 그의 권세는 소멸되지 아니하는
영원한 권세요 그의 나라는 멸망하지
아니할 것이니라

환상 해석

15 ○ 나 다니엘이 중심에 근심하며 내
머리 속의 환상이 나를 번민하게 한
지라
16 내가 그 곁에 모셔 선 자들 중 하나에
게 나아가서 이 모든 일의 진상을 물
으매 그가 내게 말하여 그 일의 해석
을 알려 주며 이르되
17 그 네 큰 짐승은 세상에 일어날 네 왕
이라
18 지극히 높으신 이의 성도들이 나라를
얻으리니 그 누림이 영원하고 영원하
고 영원하리라
19 이에 내가 넷째 짐승에 관하여 확실
히 알고자 하였으니 곧 그것은 모든
짐승과 달라서 심히 무섭더라 그 이
는 쇠요 그 발톱은 놋이니 먹고 부서
뜨리고 나머지는 발로 밟았으며
20 또 그것의 머리에는 열 뿔이 있고 그
외에 또 다른 뿔이 나오매 세 뿔이 그
앞에서 빠졌으며 그 뿔에는 눈도 있
고 큰 말을 하는 입도 있고 그 모양이

15】

16】

17】

18】

19】

20】

그의 동류보다 커 보이더라
21 내가 본즉 이 뿔이 성도들과 더불어
싸워 그들에게 이겼더니
22 옛적부터 항상 계신 이가 와서 지극
히 높으신 이의 성도들을 위하여 원
한을 풀어 주셨고 때가 이르매 성도
들이 나라를 얻었더라
23 ○ 모신 자가 이처럼 이르되 넷째 짐
승은 곧 땅의 넷째 나라인데 이는 다
른 나라들과는 달라서 온 천하를 삼
키고 밟아 부서뜨릴 것이며
24 그 열 뿔은 그 나라에서 일어날 열 왕
이요 그 후에 또 하나가 일어나리니
그는 먼저 있던 자들과 다르고 또 세
왕을 복종시킬 것이며
25 그가 장차 지극히 높으신 이를 말로
대적하며 또 지극히 높으신 이의 성
도를 괴롭게 할 것이며 그가 또 때와
법을 고치고자 할 것이며 성도들은
그의 손에 붙인 바 되어 한 때와 두 때
와 반 때를 지내리라
26 그러나 심판이 시작되면 그는 권세를
빼앗기고 완전히 멸망할 것이요
27 나라와 권세와 온 천하 나라들의 위
세가 지극히 높으신 이의 거룩한 백
성에게 붙인 바 되리니 그의 나라는
영원한 나라이라 모든 권세 있는 자

21】

22】

23】

24】

25】

26】

27】

들이 다 그를 섬기며 복종하리라
28 그 말이 이에 그친지라 나 다니엘은
중심에 번민하였으며 내 얼굴빛이 변
하였으나 내가 이 일을 마음에 간직
하였느니라

28】

숫양과 숫염소의 환상

8 1 나 다니엘에게 처음에 나타난 환상
후 벨사살 왕 제삼년에 다시 한 환
상이 나타나니라
2 내가 환상을 보았는데 내가 그것을
볼 때에 내 몸은 엘람 지방 수산 성에
있었고 내가 환상을 보기는 을래 강
변에서이니라
3 내가 눈을 들어 본즉 강 가에 두 뿔 가
진 숫양이 섰는데 그 두 뿔이 다 길었
으며 그 중 한 뿔은 다른 뿔보다 길었
고 그 긴 것은 나중에 난 것이더라
4 내가 본즉 그 숫양이 서쪽과 북쪽과
남쪽을 향하여 받으나 그것을 당할
짐승이 하나도 없고 그 손에서 구할
자가 없으므로 그것이 원하는 대로
행하고 강하여졌더라
5 ○ 내가 생각할 때에 한 숫염소가 서
쪽에서부터 와서 온 지면에 두루 다
니되 땅에 닿지 아니하며 그 염소의
두 눈 사이에는 현저한 뿔이 있더라

1】

2】

3】

4】

5】

6 그것이 두 뿔 가진 숫양 곧 내가 본 바
강 가에 섰던 양에게로 나아가되 분
노한 힘으로 그것에게로 달려가더니
7 내가 본즉 그것이 숫양에게로 가까이
나아가서는 더욱 성내어 그 숫양을
쳐서 그 두 뿔을 꺾으나 숫양에게는
그것을 대적할 힘이 없으므로 그것이
숫양을 땅에 엎드러뜨리고 짓밟았으
나 숫양을 그 손에서 벗어나게 할 자
가 없었더라
8 숫염소가 스스로 심히 강대하여 가더
니 강성할 때에 그 큰 뿔이 꺾이고 그
대신에 현저한 뿔 넷이 하늘 사방을
향하여 났더라
9 ○ 그 중 한 뿔에서 또 작은 뿔 하나가
나서 남쪽과 동쪽과 또 영화로운 땅
을 향하여 심히 커지더니
10 그것이 하늘 군대에 미칠 만큼 커져
서 그 군대와 별들 중의 몇을 땅에 떨
어뜨리고 그것들을 짓밟고
11 또 스스로 높아져서 군대의 주재를
대적하며 그에게 매일 드리는 제사를
없애 버렸고 그의 성소를 헐었으며
12 그의 악으로 말미암아 백성이 매일
드리는 제사가 넘긴 바 되었고 그것
이 또 진리를 땅에 던지며 자의로 행
하여 형통하였더라

6】

7】

8】

9】

10】

11】

12】

13 내가 들은즉 한 거룩한 이가 말하더
니 다른 거룩한 이가 그 말하는 이에
게 묻되 환상에 나타난 바 매일 드리
는 제사와 망하게 하는 죄악에 대한
일과 성소와 백성이 내준 바 되며 짓
밟힐 일이 어느 때까지 이를꼬 하매
14 그가 내게 이르되 이천삼백 주야까지
니 그 때에 성소가 정결하게 되리라
하였느니라

가브리엘 천사가 환상을 깨닫게 하다

15 ○ 나 다니엘이 이 환상을 보고 그 뜻
을 알고자 할 때에 사람 모양 같은 것
이 내 앞에 섰고
16 내가 들은즉 을래 강 두 언덕 사이에
서 사람의 목소리가 있어 외쳐 이르
되 가브리엘아 이 환상을 이 사람에
게 깨닫게 하라 하더니
17 그가 내가 선 곳으로 나왔는데 그가
나올 때에 내가 두려워서 얼굴을 땅
에 대고 엎드리매 그가 내게 이르되
인자야 깨달아 알라 이 환상은 정한
때 끝에 관한 것이니라
18 그가 내게 말할 때에 내가 얼굴을 땅
에 대고 엎드리어 깊이 잠들매 그가
나를 어루만져서 일으켜 세우며
19 이르되 진노하시는 때가 마친 후에
될 일을 내가 네게 알게 하리니 이 환

13】

14】

15】

16】

17】

18】

19】

상은 정한 때 끝에 관한 것임이라
20 네가 본 바 두 뿔 가진 숫양은 곧 메대
와 바사 왕들이요
21 털이 많은 숫염소는 곧 헬라 왕이요
그의 두 눈 사이에 있는 큰 뿔은 곧 그
첫째 왕이요
22 이 뿔이 꺾이고 그 대신에 네 뿔이 났
은즉 그 나라 가운데에서 네 나라가
일어나되 그의 권세만 못하리라
23 이 네 나라 마지막 때에 반역자들이
가득할 즈음에 한 왕이 일어나리니
그 얼굴은 뻔뻔하며 속임수에 능하며
24 그 권세가 강할 것이나 자기의 힘으
로 말미암은 것이 아니며 그가 장차
놀랍게 파괴 행위를 하고 자의로 행
하여 형통하며 강한 자들과 거룩한
백성을 멸하리라
25 그가 꾀를 베풀어 제 손으로 속임수
를 행하고 마음에 스스로 큰 체하며
또 평화로운 때에 많은 무리를 멸하
며 또 스스로 서서 만왕의 왕을 대적
할 것이나 그가 사람의 손으로 말미
암지 아니하고 깨지리라
26 이미 말한 바 주야에 대한 환상은 확
실하니 너는 그 환상을 간직하라 이
는 여러 날 후의 일임이라 하더라
27 이에 나 다니엘이 지쳐서 여러 날 앓

20】

21】

22】

23】

24】

25】

26】

27】

다가 일어나서 왕의 일을 보았느니라
내가 그 환상으로 말미암아 놀랐고
그 뜻을 깨닫는 사람도 없었느니라

다니엘의 기도

9
1 메대 족속 아하수에로의 아들 다리
오가 갈대아 나라 왕으로 세움을
받던 첫 해
2 곧 그 통치 원년에 나 다니엘이 책을
통해 여호와께서 말씀으로 선지자 예
레미야에게 알려 주신 그 연수를 깨
달았나니 곧 예루살렘의 황폐함이 칠
십 년만에 그치리라 하신 것이니라
3 ○ 내가 금식하며 베옷을 입고 재를
덮어쓰고 주 하나님께 기도하며 간구
하기를 결심하고
4 내 하나님 여호와께 기도하며 자복하
여 이르기를 크시고 두려워할 주 하
나님, 주를 사랑하고 주의 계명을 지
키는 자를 위하여 언약을 지키시고
그에게 인자를 베푸시는 이시여
5 우리는 이미 범죄하여 패역하며 행
악하며 반역하여 주의 법도와 규례를
떠났사오며
6 우리가 또 주의 종 선지자들이 주의
이름으로 우리의 왕들과 우리의 고관
과 조상들과 온 국민에게 말씀한 것

1】
2】
3】
4】
5】
6】

을 듣지 아니하였나이다
7 주여 공의는 주께로 돌아가고 수치는
우리 얼굴로 돌아옴이 오늘과 같아서
유다 사람들과 예루살렘 거민들과 이
스라엘이 가까운 곳에 있는 자들이나
먼 곳에 있는 자들이 다 주께서 쫓아
내신 각국에서 수치를 당하였사오니
이는 그들이 주께 죄를 범하였음이니
이다
8 주여 수치가 우리에게 돌아오고 우리
의 왕들과 우리의 고관과 조상들에게
돌아온 것은 우리가 주께 범죄하였음
이니이다 마는
9 주 우리 하나님께는 긍휼과 용서하심
이 있사오니 이는 우리가 주께 패역
하였음이오며
10 우리 하나님 여호와의 목소리를 듣지
아니하며 여호와께서 그의 종 선지자
들에게 부탁하여 우리 앞에 세우신
율법을 행하지 아니하였음이니이다
11 온 이스라엘이 주의 율법을 범하고
치우쳐 가서 주의 목소리를 듣지 아
니하였으므로 이 저주가 우리에게 내
렸으되 곧 하나님의 종 모세의 율법
에 기록된 맹세대로 되었사오니 이는
우리가 주께 범죄하였음이니이다
12 주께서 큰 재앙을 우리에게 내리사

7】

8】

9】

10】

11】

12】

우리와 및 우리를 재판하던 재판관을
쳐서 하신 말씀을 이루셨사오니 온
천하에 예루살렘에서 일어난 일 같은
것이 없나이다
13 모세의 율법에 기록된 대로 이 모든
재앙이 이미 우리에게 내렸사오나 우
리는 우리의 죄악을 떠나고 주의 진
리를 깨달아 우리 하나님 여호와의
얼굴을 기쁘게 하지 아니하였나이다
14 그러므로 여호와께서 이 재앙을 간직
하여 두셨다가 우리에게 내리게 하셨
사오니 우리의 하나님 여호와께서 행
하시는 모든 일이 공의로우시나 우리
가 그 목소리를 듣지 아니하였음이니
이다
15 강한 손으로 주의 백성을 애굽 땅에
서 인도하여 내시고 오늘과 같이 명
성을 얻으신 우리 주 하나님이여 우
리는 범죄하였고 악을 행하였나이다
16 주여 구하옵나니 주는 주의 공의를
따라 주의 분노를 주의 성 예루살렘,
주의 거룩한 산에서 떠나게 하옵소서
이는 우리의 죄와 우리 조상들의 죄
악으로 말미암아 예루살렘과 주의 백
성이 사면에 있는 자들에게 수치를
당함이니이다
17 그러하온즉 우리 하나님이여 지금 주

13】

14】

15】

16】

17】

의 종의 기도와 간구를 들으시고 주
를 위하여 주의 얼굴 빛을 주의 황폐
한 성소에 비추시옵소서
18 나의 하나님이여 귀를 기울여 들으시
며 눈을 떠서 우리의 황폐한 상황과
주의 이름으로 일컫는 성을 보옵소서
우리가 주 앞에 간구하옵는 것은 우
리의 공의를 의지하여 하는 것이 아
니요 주의 큰 긍휼을 의지하여 함이
니이다
19 주여 들으소서 주여 용서하소서 주여
귀를 기울이시고 행하소서 지체하지
마옵소서 나의 하나님이여 주 자신
을 위하여 하시옵소서 이는 주의 성
과 주의 백성이 주의 이름으로 일컫
는 바 됨이니이다

가브리엘이 환상을 설명하다

20 ○ 내가 이같이 말하여 기도하며 내
죄와 내 백성 이스라엘의 죄를 자복
하고 내 하나님의 거룩한 산을 위하
여 내 하나님 여호와 앞에 간구할 때
21 곧 내가 기도할 때에 이전에 환상 중
에 본 그 사람 가브리엘이 빨리 날아
서 저녁 제사를 드릴 때 즈음에 내게
이르더니
22 내게 가르치며 내게 말하여 이르되
다니엘아 내가 이제 네게 지혜와 총

명을 주려고 왔느니라
23 곧 네가 기도를 시작할 즈음에 명령
이 내렸으므로 이제 네게 알리러 왔
느니라 너는 크게 은총을 입은 자라
그런즉 너는 이 일을 생각하고 그 환
상을 깨달을지니라
24 네 백성과 네 거룩한 성을 위하여 일
흔 이레를 기한으로 정하였나니 허물
이 그치며 죄가 끝나며 죄악이 용서
되며 영원한 의가 드러나며 환상과
예언이 응하며 또 지극히 거룩한 이
가 기름 부음을 받으리라
25 그러므로 너는 깨달아 알지니라 예루
살렘을 중건하라는 영이 날 때부터 기
름 부음을 받은 자 곧 왕이 일어나기
까지 일곱 이레와 예순두 이레가 지
날 것이요 그 곤란한 동안에 성이 중
건되어 광장과 거리가 세워질 것이며
26 예순두 이레 후에 기름 부음을 받은
자가 끊어져 없어질 것이며 장차 한
왕의 백성이 와서 그 성읍과 성소를
무너뜨리려니와 그의 마지막은 홍수
에 휩쓸림 같을 것이며 또 끝까지 전
쟁이 있으리니 황폐할 것이 작정되었
느니라
27 그가 장차 많은 사람들과 더불어 한
이레 동안의 언약을 굳게 맺고 그가

23】

24】

25】

26】

27】

그 이레의 절반에 제사와 예물을 금
지할 것이며 또 포악하여 가증한 것
이 날개를 의지하여 설 것이며 또 이
미 정한 종말까지 진노가 황폐하게
하는 자에게 쏟아지리라 하였느니라
하니라

힛데겔 강 가에서 본 현상

10
1 바사 왕 고레스 제삼년에 한 일이
벨드사살이라 이름한 다니엘에게
나타났는데 그 일이 참되니 곧 큰 전
쟁에 관한 것이라 다니엘이 그 일을
분명히 알았고 그 환상을 깨달으니라
2 그 때에 나 다니엘이 세 이레 동안을
슬퍼하며
3 세 이레가 차기까지 좋은 떡을 먹지 아
니하며 고기와 포도주를 입에 대지 아
니하며 또 기름을 바르지 아니하니라
4 첫째 달 이십사일에 내가 힛데겔이라
하는 큰 강 가에 있었는데
5 그 때에 내가 눈을 들어 바라본즉 한
사람이 세마포 옷을 입었고 허리에는
우바스 순금 띠를 띠었더라
6 또 그의 몸은 황옥 같고 그의 얼굴은
번갯빛 같고 그의 눈은 횃불 같고 그
의 팔과 발은 빛난 놋과 같고 그의 말
소리는 무리의 소리와 같더라

1】

2】

3】

4】

5】

6】

7 이 환상을 나 다니엘이 홀로 보았고
나와 함께 한 사람들은 이 환상은 보
지 못하였어도 그들이 크게 떨며 도
망하여 숨었느니라
8 그러므로 나만 홀로 있어서 이 큰 환
상을 볼 때에 내 몸에 힘이 빠졌고 나
의 아름다운 빛이 변하여 썩은 듯하
였고 나의 힘이 다 없어졌으나
9 내가 그의 음성을 들었는데 그의 음
성을 들을 때에 내가 얼굴을 땅에 대
고 깊이 잠들었느니라
10 ○ 한 손이 있어 나를 어루만지기로
내가 떨었더니 그가 내 무릎과 손바
닥이 땅에 닿게 일으키고
11 내게 이르되 큰 은총을 받은 사람 다
니엘아 내가 네게 이르는 말을 깨닫
고 일어서라 내가 네게 보내심을 받
았느니라 하더라 그가 내게 이 말을
한 후에 내가 떨며 일어서니
12 그가 내게 이르되 다니엘아 두려워하
지 말라 네가 깨달으려 하여 네 하나
님 앞에 스스로 겸비하게 하기로 결
심하던 첫날부터 네 말이 응답 받았
으므로 내가 네 말로 말미암아 왔느
니라
13 그런데 바사 왕국의 군주가 이십일
일 동안 나를 막았으므로 내가 거기

7】

8】

9】

10】

11】

12】

13】

바사 왕국의 왕들과 함께 머물러 있
더니 가장 높은 군주 중 하나인 미가
엘이 와서 나를 도와 주므로
14 이제 내가 마지막 날에 네 백성이 당
할 일을 네게 깨닫게 하러 왔노라 이
는 이 환상이 오랜 후의 일임이라 하
더라
15 그가 이런 말로 내게 이를 때에 내가
곧 얼굴을 땅에 향하고 말문이 막혔
더니
16 인자와 같은 이가 있어 내 입술을 만
진지라 내가 곧 입을 열어 내 앞에 서
있는 자에게 말하여 이르되 내 주여
이 환상으로 말미암아 근심이 내게
더하므로 내가 힘이 없어졌나이다
17 내 몸에 힘이 없어졌고 호흡이 남지
아니하였사오니 내 주의 이 종이 어
찌 능히 내 주와 더불어 말씀할 수 있
으리이까 하니
18 ○ 또 사람의 모양 같은 것 하나가 나
를 만지며 나를 강건하게 하여
19 이르되 큰 은총을 받은 사람이여 두
려워하지 말라 평안하라 강건하라 강
건하라 그가 이같이 내게 말하매 내
가 곧 힘이 나서 이르되 내 주께서
나를 강건하게 하셨사오니 말씀하옵
소서

14】

15】

16】

17】

18】

19】

20 그가 이르되 내가 어찌하여 네게 왔
는지 네가 아느냐 이제 내가 돌아가
서 바사 군주와 싸우려니와 내가 나
간 후에는 헬라의 군주가 이를 것이라
21 오직 내가 먼저 진리의 글에 기록된
것으로 네게 보이리라 나를 도와서
그들을 대항할 자는 너희의 군주 미
가엘뿐이니라

20】

21】

11 1 내가 또 메대 사람 다리오 원년에
일어나 그를 도와서 그를 강하게
한 일이 있었느니라

1】

남방 왕과 북방 왕이 싸우리라

2 ○ 이제 내가 참된 것을 네게 보이리
라 보라 바사에서 또 세 왕들이 일어
날 것이요 그 후의 넷째는 그들보다
심히 부요할 것이며 그가 그 부요함
으로 강하여진 후에는 모든 사람을
충동하여 헬라 왕국을 칠 것이며
3 장차 한 능력 있는 왕이 일어나서 큰
권세로 다스리며 자기 마음대로 행하
리라
4 그러나 그가 강성할 때에 그의 나라
가 갈라져 천하 사방에 나누일 것이
나 그의 자손에게로 돌아가지도 아니
할 것이요 또 자기가 주장하던 권세
대로도 되지 아니하리니 이는 그 나

2】

3】

4】

라가 뽑혀서 그 외의 다른 사람들에
게로 돌아갈 것임이라
5 ○ 남방의 왕들은 강할 것이나 그 군
주들 중 하나는 그보다 강하여 권세를
떨치리니 그의 권세가 심히 클 것이요
6 몇 해 후에 그들이 서로 단합하리니
곧 남방 왕의 딸이 북방 왕에게 가서
화친하리라 그러나 그 공주의 힘이 쇠
하고 그 왕은 서지도 못하며 권세가
없어질 뿐 아니라 그 공주와 그를 데
리고 온 자와 그를 낳은 자와 그 때에
도와 주던 자가 다 버림을 당하리라
7 ○ 그러나 그 공주의 본 족속에게서
난 자 중의 한 사람이 왕위를 이어 권
세를 받아 북방 왕의 군대를 치러 와
서 그의 성에 들어가서 그들을 쳐서
이기고
8 그 신들과 부어 만든 우상들과 은과
금의 아름다운 그릇들은 다 노략하여
애굽으로 가져갈 것이요 몇 해 동안
은 그가 북방 왕을 치지 아니하리라
9 북방 왕이 남방 왕의 왕국으로 쳐들
어갈 것이나 자기 본국으로 물러가
리라
10 ○ 그러나 그의 아들들이 전쟁을 준
비하고 심히 많은 군대를 모아서 물
이 넘침 같이 나아올 것이며 그가 또

5】

6】

7】

8】

9】

10】

와서 남방 왕의 견고한 성까지 칠 것
이요
11 남방 왕은 크게 노하여 나와서 북방
왕과 싸울 것이라 북방 왕이 큰 무리
를 일으킬 것이나 그 무리는 그의 손
에 넘겨 준 바 되리라
12 그가 큰 무리를 사로잡은 후에 그의
마음이 스스로 높아져서 수만 명을
엎드러뜨릴 것이나 그 세력은 더하지
못할 것이요
13 북방 왕은 돌아가서 다시 군대를 전
보다 더 많이 준비하였다가 몇 때 곧
몇 해 후에 대군과 많은 물건을 거느
리고 오리라
14 그 때에 여러 사람이 일어나서 남방
왕을 칠 것이요 네 백성 중에서도 포
악한 자가 스스로 높아져서 환상을
이루려 할 것이나 그들이 도리어 걸
려 넘어지리라
15 이에 북방 왕은 와서 토성을 쌓고 견
고한 성읍을 점령할 것이요 남방 군
대는 그를 당할 수 없으며 또 그가 택
한 군대라도 그를 당할 힘이 없을 것
이므로
16 오직 와서 치는 자가 자기 마음대로
행하리니 그를 당할 사람이 없겠고
그는 영화로운 땅에 설 것이요 그의

11】

12】

13】

14】

15】

16】

손에는 멸망이 있으리라
17 그가 결심하고 전국의 힘을 다하여
이르렀다가 그와 화친할 것이요 또
여자의 딸을 그에게 주어 그의 나라
를 망하게 하려 할 것이나 이루지 못
하리니 그에게 무익하리라
18 그 후에 그가 그의 얼굴을 바닷가로
돌려 많이 점령할 것이나 한 장군이
나타나 그의 정복을 그치게 하고 그
수치를 그에게로 돌릴 것이므로
19 그가 드디어 그 얼굴을 돌려 자기 땅
산성들로 향할 것이나 거쳐 넘어지고
다시는 보이지 아니하리라

비천한 북방 왕

20 ○ 그 왕위를 이을 자가 압제자를 그
나라의 아름다운 곳으로 두루 다니
게 할 것이나 그는 분노함이나 싸움
이 없이 몇 날이 못 되어 망할 것이요
21 또 그의 왕위를 이을 자는 한 비천한
사람이라 나라의 영광을 그에게 주지
아니할 것이나 그가 평안한 때를 타
서 속임수로 그 나라를 얻을 것이며
22 넘치는 물 같은 군대가 그에게 넘침
으로 말미암아 패할 것이요 동맹한
왕도 그렇게 될 것이며
23 그와 약조한 후에 그는 거짓을 행하
여 올라올 것이요 소수의 백성을 가

17】

18】

19】

20】

21】

22】

23】

지고 세력을 얻을 것이며
24 그가 평안한 때에 그 지방의 가장 기
름진 곳에 들어와서 그의 조상들과
조상들의 조상이 행하지 못하던 것
을 행할 것이요 그는 노략하고 탈취
한 재물을 무리에게 흩어 주며 계략
을 세워 얼마 동안 산성들을 칠 것인
데 때가 이르기까지 그리하리라
25 그가 그의 힘을 떨치며 용기를 다하
여 큰 군대를 거느리고 남방 왕을 칠
것이요 남방 왕도 심히 크고 강한 군
대를 거느리고 맞아 싸울 것이나 능
히 당하지 못하리니 이는 그들이 계
략을 세워 그를 침이니라
26 그의 음식을 먹는 자들이 그를 멸하
리니 그의 군대가 흩어질 것이요 많
은 사람이 엎드러져 죽으리라
27 이 두 왕이 마음에 서로 해하고자 하
여 한 밥상에 앉았을 때에 거짓말을
할 것이라 일이 형통하지 못하리니
이는 아직 때가 이르지 아니하였으므
로 그 일이 이루어지지 아니할 것임
이니라
28 ○ 북방 왕은 많은 재물을 가지고 본
국으로 돌아가리니 그는 마음으로 거
룩한 언약을 거스르며 자기 마음대로
행하고 본토로 돌아갈 것이며

24】

25】

26】

27】

28】

29 작정된 기한에 그가 다시 나와서 남
방에 이를 것이나 이번이 그 전번만
못하리니
30 이는 깃딤의 배들이 이르러 그를 칠
것임이라 그가 낙심하고 돌아가면서
맺은 거룩한 언약에 분노하였고 자기
땅에 돌아가서는 맺은 거룩한 언약을
배반하는 자들을 살필 것이며
31 군대는 그의 편에 서서 성소 곧 견고
한 곳을 더럽히며 매일 드리는 제사
를 폐하며 멸망하게 하는 가증한 것
을 세울 것이며
32 그가 또 언약을 배반하고 악행하는
자를 속임수로 타락시킬 것이나 오직
자기의 하나님을 아는 백성은 강하여
용맹을 떨치리라
33 백성 중에 지혜로운 자들이 많은 사
람을 가르칠 것이나 그들이 칼날과
불꽃과 사로잡힘과 약탈을 당하여 여
러 날 동안 몰락하리라
34 그들이 몰락할 때에 도움을 조금 얻
을 것이나 많은 사람들이 속임수로
그들과 결합할 것이며
35 또 그들 중 지혜로운 자 몇 사람이 몰
락하여 무리 중에서 연단을 받아 정
결하게 되며 희게 되어 마지막 때까
지 이르게 하리니 이는 아직 정한 기

29】

30】

31】

32】

33】

34】

35】

한이 남았음이라
36 ○ 그 왕은 자기 마음대로 행하며 스
스로 높여 모든 신보다 크다 하며 비
상한 말로 신들의 신을 대적하며 형
통하기를 분노하심이 그칠 때까지 하
리니 이는 그 작정된 일을 반드시 이
룰 것임이라
37 그가 모든 것보다 스스로 크다 하고
그의 조상들의 신들과 여자들이 흠모
하는 것을 돌아보지 아니하며 어떤
신도 돌아보지 아니하고
38 그 대신에 강한 신을 공경할 것이요
또 그의 조상들이 알지 못하던 신에
게 금 은 보석과 보물을 드려 공경할
것이며
39 그는 이방신을 힘입어 크게 견고한 산
성들을 점령할 것이요 무릇 그를 안다
하는 자에게는 영광을 더하여 여러 백
성을 다스리게도 하며 그에게서 뇌물
을 받고 땅을 나눠 주기도 하리라
40 ○ 마지막 때에 남방 왕이 그와 힘을
겨룰 것이나 북방 왕이 병거와 마병
과 많은 배로 회오리바람처럼 그에게
로 마주 와서 그 여러 나라에 침공하
여 물이 넘침 같이 지나갈 것이요
41 그가 또 영화로운 땅에 들어갈 것이
요 많은 나라를 패망하게 할 것이나

36】

37】

38】

39】

40】

41】

오직 에돔과 모압과 암몬 자손의 지
도자들은 그의 손에서 벗어나리라
42 그가 여러 나라들에 그의 손을 펴리
니 애굽 땅도 면하지 못할 것이니
43 그가 권세로 애굽의 금 은과 모든 보
물을 차지할 것이요 리비아 사람과
구스 사람이 그의 시종이 되리라
44 그러나 동북에서부터 소문이 이르러
그를 번민하게 하므로 그가 분노하여
나가서 많은 무리를 다 죽이며 멸망
시키고자 할 것이요
45 그가 장막 궁전을 바다와 영화롭고
거룩한 산 사이에 세울 것이나 그의
종말이 이르리니 도와 줄 자가 없으
리라

42】
43】
44】
45】

끝날

12 1 그 때에 네 민족을 호위하는 큰
군주 미가엘이 일어날 것이요 또
환난이 있으리니 이는 개국 이래로
그 때까지 없던 환난일 것이며 그 때
에 네 백성 중 책에 기록된 모든 자가
구원을 받을 것이라
2 땅의 티끌 가운데에서 자는 자 중에
서 많은 사람이 깨어나 영생을 받는
자도 있겠고 수치를 당하여서 영원히
부끄러움을 당할 자도 있을 것이며

1】
2】

3 지혜 있는 자는 궁창의 빛과 같이 빛
날 것이요 많은 사람을 옳은 데로 돌
아오게 한 자는 별과 같이 영원토록
빛나리라
4 다니엘아 마지막 때까지 이 말을 간
수하고 이 글을 봉함하라 많은 사람
이 빨리 왕래하며 지식이 더하리라
5 ○ 나 다니엘이 본즉 다른 두 사람이
있어 하나는 강 이쪽 언덕에 섰고 하
나는 강 저쪽 언덕에 섰더니
6 그 중에 하나가 세마포 옷을 입은 자
곧 강물 위쪽에 있는 자에게 이르되
이 놀라운 일의 끝이 어느 때까지냐
하더라
7 내가 들은즉 그 세마포 옷을 입고 강
물 위쪽에 있는 자가 자기의 좌우 손
을 들어 하늘을 향하여 영원히 살아
계시는 이를 가리켜 맹세하여 이르되
반드시 한 때 두 때 반 때를 지나서 성
도의 권세가 다 깨지기까지이니 그렇
게 되면 이 모든 일이 다 끝나리라 하
더라
8 내가 듣고도 깨닫지 못한지라 내가
이르되 내 주여 이 모든 일의 결국이
어떠하겠나이까 하니
9 그가 이르되 다니엘아 갈지어다 이
말은 마지막 때까지 간수하고 봉함할

3】

4】

5】

6】

7】

8】

9】

년 월 일

것임이니라
10 많은 사람이 연단을 받아 스스로 정
결하게 하며 희게 할 것이나 악한 사
람은 악을 행하리니 악한 자는 아무
것도 깨닫지 못하되 오직 지혜 있는
자는 깨달으리라
11 매일 드리는 제사를 폐하며 멸망하게
할 가증한 것을 세울 때부터 천이백
구십 일을 지낼 것이요
12 기다려서 천삼백삼십오 일까지 이르
는 그 사람은 복이 있으리라
13 너는 가서 마지막을 기다리라 이는
네가 평안히 쉬다가 끝날에는 네 몫
을 누릴 것이라

10】

11】

12】

13】

눈으로 읽고 마음으로 옮겨쓰는

에스겔 · 다니엘

초 판 1쇄 : 2024년 6월 17일
발 행 인 : 황경자
발 행 처 : 도서출판 두돌비
등록번호 : 2006. 8. 17 제 2006-12호
주 소 : 서울시 중랑구 동일로 107길 12
전 화 : (02) 964-6993 | 팩스 : (02) 2208-0153
E-mail : 153books@hanmail.net

ISBN 978-89-85583-91-6

* 파본은 교환해 드립니다.